K.G. りぶれっと No. 45

「新しい社会保障教育」政策と地域共生社会

阿部 敦［著］

関西学院大学出版会

は じ め に

　本論は、大きく分けて3つの観点から論旨を展開している。その際の
キーワードは、「新しい社会保障教育」政策、高等学校公民科（現代社会）の
教科書分析、そして「地域共生社会」の含意、である。

　第1章では、厚生労働省「社会保障の教育推進に関する検討会報告書：生
徒たちが社会保障を正しく理解するために」（2014年7月：検討会座長 権丈
善一）に注目する。この報告書の主張は——詳細は本文中で叙述するが
——、従来の教科書と内容を異にする部分が少なくないことから、「新しい
社会保障教育」政策として、本論の基軸となるものである。

　第2章では、同じく「新しい社会保障教育」政策の特徴を、平成27年度・
高等学校公民科（現代社会）の教科書における記載内容との比較を通じて、
より具体的に検証する。なお、分析に用いるのは、平成27年度・高等学校
公民科（現代社会）の全12冊の教科書である。

　第3章では、近年の「地域共生社会」というタームをベースにした論調に
ついて、「我が事・丸ごと」地域共生社会実現本部およびその下部組織によ
る報告書、資料等を用いて検証する。そのうえで、第1章と第2章で取り上
げる「新しい社会保障教育」政策が、「地域共生社会」というタームを論拠の
一つとした近年の社会保障・社会福祉政策と、どのような関係にあるのか、
少なくとも、どのような関係になり得るのかについて考察する。

　このような3章構成により、本論は展開されることになる。そしてこの
段階で、少なくない読者は、本論で分析対象となる報告書や教科書が3〜4
年も前のものになることから、内容的に古い情報になるのではないか、と
の心証を抱くことが推察される。実際、本論は、公表済の拙稿（116頁参照）
を援用していることから、2018年現在から読み直せば、古くなっている情
報や、新たな事実や政策の導入などに伴い、より適切な表現に書き直すべ
きと考えられる箇所も見受けられるだろう。特に「教科書分析」を取り扱っ
た第2章に関しては、そのように捉えられる可能性が高い。

2018年2月14日、文部科学省は、高校の学習指導要領改訂案を公表した。同改訂案のポイントになるのは、必須科目の位置付けとなる「地理総合」「歴史総合」「公共」の3科目の新設である。特に「公共」は、第2章で分析対象とした教科書である高等学校公民科（現代社会）と重複する内容が、相当程度、含まれていると想定される。よって、本来であれば、新科目である「公共」も射程に入れた分析が求められるのではないか、と捉えることは合理的である。

　しかし、2018年現在の報道に依拠すると、今後の高等学校用の教科書検定は2020年に行われることになる。同様に、教科書の採択・供給は2021年、使用開始は2022年からと予定されている。また、これに伴い、高校で新指導要領の実施開始は2022年4月から、同要領に対応した共通テストの実施は2025年1月が見込まれている。換言すれば、本論を刊行する時点で、新指導要領下で用いられる教科書分析は不可能だ、ということである。しかし、だからといって、本論が古い情報に依拠した内容に留まる、というわけではない。

　前述した「社会保障の教育推進に関する検討会報告書」（2014年7月）の公表から約4年が経過し、新指導要領下での新設科目「公共」を4年後（2022年4月）に控えた今、我々は高等学校を中心とした「学習内容の転換」に直面している。その意味で、本論の中核となる「社会保障に関する教育内容」も組み込まれることになる、これからの日本社会を支える若年層の教育は、重要な分岐点に立っていることが理解されよう。

　こうした現実を鑑みたとき、「新しい社会保障教育」政策の特徴を、現実レベルで導入されている教科書内容と比較検証し、さらに、そこで得られた知見を「地域共生社会」をベースにした論調と融合させることで、どのような未来像が見出せるのかを考察することには、相応の意義があるといえよう。換言すれば、そのような枠組みを採用することで、従来では見過ごされてきた知見を可視化させる可能性を高めることが期待されるのである。

　なお、本著の第1章および第2章は、科学研究費助成事業基盤研究（C）における研究成果の一部を反映したものである。この場を借りて、当該助成

金への謝意を表したい。また、筆者の拙い分析結果を著書として刊行することを許可して下さった関西学院大学出版会の企画会議に参加された先生方、とりわけ、本論を審査されたであろう福祉領域を主専攻とする先生方に対しても、深く感謝申し上げる次第である。

2018 年 6 月

阿部　敦

iv

目　次

はじめに　i

序論　1

第1章　高校生を対象にした「新しい社会保障教育」政策
「社会保障の教育推進に関する検討会報告書」の観点から..............5

本章の目的　5

1　重点的教育項目と事実認識の是正　6

2　社会保障概念と世代間格差・対立論への見解　8

3　年金制度に対する安心感を育む教育内容　12

4　年金制度に対する安心感を促す従属人口比率の計算方法　18

5　内閣府経済社会総合研究所の見解に対する批判　25

6　報告書で軽視される項目　28

7　小括　31

第2章　平成27年度版高等学校公民科（現代社会）における社会保障の描かれ方
「社会保障の教育推進に関する検討会報告書」との比較 39

本章の目的　39

1　わが国の社会保障教育をとりまく近年の主な出来事　41
(1) 高等学校学習指導要領
(2) 社会保障の教育推進に関する検討会報告書
(3) 地域社会保障教育推進事業

2　教科書をとりまく状況と本調査の対象となる出版社および教科書　48
(1) 教科書協会と近年の教科書の特徴
(2) 分析対象となる教科書
(3) 調査項目と情報の抽出方法

3　公民（現代社会）全12冊の要旨と、検討会報告書との比較　52
(1) 公民（現代社会）の教科書にみられる主な特徴
(2) 各教科書の主な特徴

（3）社会保障の教育推進に関する検討会報告書との対比

  4 平成28年度使用高等学校教科書編集趣意書から窺える特徴 69

  5 小括 73

第3章　これからの社会像としての「地域共生社会」とその含意
「新しい社会保障教育」政策と並行する「地域共生社会」観............79

本章の目的　79

  1 「地域共生社会」の登場　80
    （1）政策用語としての「地域共生社会」
    （2）「我が事・丸ごと」地域共生社会実現本部の設置

  2 「地域共生社会」を実現するための諸政策と法改正への動き　83
    （1）「地域共生社会」の構築に資する政策
    （2）「地域共生社会」を構築するための法改正

  3 「地域共生社会」と地域包括ケア強化法案　85
    （1）地域包括ケア強化法案の審議
    （2）主要アクターと期待される役割
    （3）地域包括支援センターと自立相談支援機関に余力はあるか
    （4）「地域共生社会」に対する筆者の評価

  4 「新しい社会保障教育」政策と「地域共生社会」　93
    （1）社会福祉基礎構造改革路線への親和性
    （2）時間軸からみた連続性

  5 小括　95

総括　101

  1 各章の要旨　101

  2 多様な見解の積極的紹介　103

  3 結語　106

参考・引用文献一覧　111

掲載論文一覧　116

あとがき　117

序　論

　筆者は、社会保障・社会福祉教育に携わる者として、長年、同教育に継続的な関心を有してきた。とりわけ、高等学校で使用される検定済教科書を介した社会保障・社会福祉教育に注目してきた。それは、これからの社会保障制度を、特に財源面から支えることになる若年層が、当該教科書を介して、どのような「社会保障観」を抱く可能性が高いのか、という点に今日的意義を見出したからである。*¹ その意義は、社会保障制度に対する信頼感の度合いと、制度の持続可能性という相互関係の一つを取っても明白だといえよう。

　そして近年、こうした筆者の関心は、より一層高まることとなった。その理由は、厚生労働省「社会保障の教育推進に関する検討会報告書：生徒たちが社会保障を正しく理解するために」（2014年7月：検討会座長 権丈善一）が公表されたからである。

　実は、この報告書にみられる「わが国の社会保障に対するスタンス」は、これからの教科書に反映される可能性が高いのだが、その内容を見ると、従来の教科書における「社会保障の描かれ方」と共通項はあるものの、年金制度に対する評価や、従属人口と就労人口の観点から見た労働力規模、および社会保障制度の持続可能性などの諸点において、少なからず差異が認められる。つまり、今後の教科書を介して生徒らに教授される「社会保障観」は、従来のそれからは改変される可能性がある、ということである。

　検討会報告書の内容は、次の4点において特筆すべきものがある。それらは順に、（ⅰ）当該報告書の内容が、今後の教科書作成上の指針となり得ること、（ⅱ）現行の社会保障制度を批判的に捉えている論者らが展開する「世代間対立論」や「年金制度（の持続可能性）」に関して、検討会報告書は、「本来、世代間の損得という対立論など存在せず」、ゆえに「公的年金を信頼して良い（年金制度は破綻しない）」というスタンスを表明していること、（ⅲ）前記の（ⅱ）の見解を正当化する観点から、社会保障の持続可能性を示

唆するうえで用いられてきた「扶養者」対「被扶養者」比率の算出方式が、大幅に変更されたこと、(ⅳ)厚生労働省の社会保障担当参事官である武田俊彦による論文(2012年5月、6月)[*2]が明確に示すように、今回の検討会報告書は、内閣府経済社会総合研究所のディスカッションペーパー「社会保障を通じた世代別の受益と負担」(2012年1月)にみられる「世代間格差の実在」や「年金危機論」などに関する見解を、強く批判した内容になっていること、の4点である。[*3]

　こうした問題意識を踏まえ、筆者として次の5項目を検証することに積極的な意義を見出した。それらは順に、(1)検討会報告書を精査することにより、「新しい社会保障教育」の実態を具体的に把握すること、(2)当該報告書で提示された教育内容により、実際の教科書がどのように変化するのかを確認すること、(3)前記の(2)を分析する目的で、(検討会報告書が公表される前の)高等学校の公民の教科書を収集・分析し、「従来の教科書で教授されてきた社会保障観」を確認すること、(4)「新しい社会保障教育」政策と並行する形で、「地域共生社会」をキーワードにした社会保障に関する諸政策が展開されていることから、「地域共生社会」の実態についても把握すること、(5)その「地域共生社会」が、前記「新しい社会保障教育」政策と、どのような関係にあるのかを明らかにすること、の5項目である。もっとも(2)に関しては、一定のタイムスパンが必要となる。そこで本論では、(1)、(3)～(5)を中心に、論旨を展開する。

　具体的には、本論を次のように展開する。第1章では、将来の進路選択にかかわらず、これからの高校生に教授される可能性が高い「新しい社会保障教育」の基礎的特徴について、検討会報告書をベースに叙述する。第2章では、同社会保障教育政策の近年の動向を、平成27年度・高等学校公民科(現代社会)における記載内容との比較を通じて、より具体的に検証する。そして第3章では、「地域共生社会」の基礎的特徴について、「我が事・丸ごと」地域共生社会実現本部およびその下部組織による報告書、資料等を用いて具体的に検討する。

　なお、各章の要旨は、次のとおりである。

第1章では、これからの社会保障教育の特徴として、「社会保障＝自助・共助・公助」という『厚生労働白書』などと軌を一にする認識をベースにしながら、「国の社会保障制度——とりわけ、不信感が強い年金制度——は、実はそれなりに信頼に足る制度だ」と評価している点が注目される。なぜなら、従前の教科書では、年金制度を含む現行制度に対する不信感をにじませた論調が少なくなかったからである。

第2章では、平成27年度・高等学校公民科（現代社会）における特徴として、（Ⅰ）年金制度の持続可能性に関しては、懐疑的な論調の教科書が多くを占める、（Ⅱ）いわゆる「世代間格差」に関しては、世代間に（年金受給額などにおける）極端な格差があることを否定しない教科書が散見されると同時に、社会保険制度内における「制度間格差」の存在を指摘するものも少なくない、（Ⅲ）以上の調査結果を踏まえ、少なくない現行の教科書の論調は、検討会報告書が目指す教科書のそれとは異なる部分が確認される、（Ⅳ）それゆえ、今後の教科書で社会保障がどのように描かれるのか（＝教授されることになるのか）が、より一層注目される、というものである。

第3章では、「地域共生社会」の本質は——「社会保障＝自助・共助・公助」という前記の『厚生労働白書』の認識と同質になるが——「共助・公助」の質的後退を、「自助・互助」の機能強化で補うことを目的とする論調に合流するその特性から、現代版の「日本型福祉社会」論であると評することが妥当だ、という認識が表明される。換言すれば、「新しい社会保障教育」政策と「地域共生社会」は、特に「新しい社会保障教育」を担当する教員の「社会保障観」次第では相互補強・補完の関係になり得る、ということになる。

こうした各章の要旨を鑑みたとき、理論必然的に導かれることがある。それは、「新しい社会保障教育」政策や「地域共生社会」に依拠した各種の政策動向に注目し続けることは、間違いなくわが国の社会保障を研究するうえで重要だ、ということである。実際、「地域共生社会」を「目指すべき社会像」と位置づけることで、国は、社会福祉基礎構造改革路線を加速化させる法改正の必要性を強調しており、現にかなりの法改正がなされているのが実情である（第3章参照）。

そもそもあらゆる政策には、その政策の正当性を担保する理念があり、また、当該理念は教育を介して正当化される傾向にある。つまり、「新しい社会保障教育」政策およびそれと表裏一体の関係になり得る「地域共生社会」に注目することは、「教育→理念→政策」という流れを踏まえた政策分析そのものにもなる。それゆえ、社会保障教育と社会保障政策という2つの視座とその連動性を意識しながら、本論を読み進めて頂ければ幸いである。

なお、引用文では「子供」となっている場合でも、他の文章との統一性の視点から「子ども」と表記している。

注

※1 阿部敦（編）、阿部敦・渡邊かおり（共著）『「少子高齢社会」の描かれ方——高等学校検定教科書（公民・現代社会編）は、何を教えようとしているのか』大阪公立大学共同出版会、2005年5月。

※2 武田俊彦「特別掲載 世代間格差論に対する考え方（上）——社会保障の教育推進に関する検討会資料から」『週刊社会保障』（2679）2012年5月28日、54〜59頁。武田俊彦「特別掲載 世代間格差論に対する考え方（下）——社会保障の教育推進に関する検討会資料から」『週刊社会保障』（2680）2012年6月4日、54〜59頁。

※3 内閣府経済社会総合研究所のディスカッションペーパー「社会保障を通じた世代別の受益と負担」（2012年1月）は、正確には内閣府の公式見解ではなく、当該ペーパー執筆者らの見解に過ぎない。しかし、社会的には内閣府が公表したものとして認識されることが多い。なお、同ディスカッションペーパーの筆頭執筆者は、鈴木亘（学習院大学教授）である。次も参照。権丈善一『年金、民主主義、経済学——再分配政策の政治経済学Ⅶ』慶應義塾大学出版会、2015年12月、397頁。

※4 浜岡政好「厚労省『我が事・丸ごと』をよむ なぜ『協同』ではなく、『共生』なのか」『福祉のひろば』社会福祉法人大阪福祉事業財団、2017年6月、35頁。

※5 阿部敦「現役大学生の有する『社会保障観』への接近——因子分析、クラスター分析、t検定、相関比を用いて」『社会福祉科学研究』（6）社会福祉科学研究所、2017年8月、153〜162頁。阿部敦「わが国の若年層が有する『社会保障観』の現状と未来——『損得勘定的』社会保障観の克服に向けて」『医療・福祉研究』（26）医療・福祉問題研究会、2017年3月、68〜75頁。

第1章 高校生を対象にした「新しい社会保障教育」政策

「社会保障の教育推進に関する検討会報告書」の観点から

本章の目的

　本章では、将来の進路選択にかかわらず、これからの高校生に教授される可能性が高い「新しい社会保障教育」の特徴について叙述する。具体的には、厚生労働省「社会保障の教育推進に関する検討会」報告書および資料編（2014年7月）を取り上げ、その教育内容の基礎的特徴を確認する。

　同報告書および資料編の主張を端的に表現すれば、「社会保障＝自助・共助・公助」という『厚生労働白書』（平成24年度版）にみられる社会保障概念を踏まえつつ、「国の社会保障政策——とりわけ、不信感が強い年金政策——は、もっと信頼されるべきだ」というものである。これにより（特に大学レベルにおいて少なからず見られる）現行の社会保障抑制政策を容認・追認する方向に作用する教育政策の展開が、「新たな段階」に入ったと評することが可能となる。なぜなら、従前の財源不足などを論拠とした社会保障抑制政策の容認・追認という手法に留まらず、そもそも現行の社会保障政策・制度は、思いの外、信頼に足るものだ、という「新たな観点」からの現行制度への容認が目指されることになるからである。

　こうした社会保障教育政策の特徴を論じる目的で、本章を次の6項目から構成する。それらは順に、(1) 重点的教育項目と事実認識の是正、(2) 社会保障概念と世代間格差・対立論への見解、(3) 年金制度に対する安心感を育む教育内容、(4) 年金制度に対する安心感を促す従属人口比率の計算方法、(5) 内閣府経済社会総合研究所のディスカッションペーパーに対する批判、(6) 報告書で軽視される項目、である。

1　重点的教育項目と事実認識の是正

　厚生労働省は、高校生を主たる対象とした「社会保障の教育推進に関する検討会」[*1](座長：権丈善一)を設置し(2011年10月)、報告書——厚生労働省政策統括官(社会保障担当)[*2]「社会保障の教育推進に関する検討会報告書——生徒たちが社会保障を正しく理解するために」(2014年7月18日)——を取りまとめた。また、同時に「資料編」も公表された。この報告書(以下、必要に応じて「検討会報告書」と表記)および資料編を一読すれば、これからの社会を担う若者たちが、どのような社会保障観を学ぶことになるのかを推察することが可能となる。

　なお、当該報告書には、『厚生労働白書』(平成24年度版)や「社会保障制度改革国民会議」報告書(平成25年8月6日)の見解と重複する部分が多々ある。具体的には、「社会保障の概念」、「世代間対立論への評価」、「年金制度への評価」の3項目において、多くの共通点を見出すことができる。その意味で、検討会報告書の位置づけは容易に推察されよう。

　厚生労働省は、検討会報告書をホームページの「社会保障教育」というカテゴリーに掲載している(2015年1月現在)。そこでは、検討会報告書と並んで、「社会保障を教える際に重点とすべき学習項目」として、(1)社会保障の理念：「なぜ社会保障制度が誕生し現在存在するのか」を理解する、(2)社会保障の内容：「社会保障制度がどのような役割を果たしているのか」を理解する、(3)社会保障の課題：「課題」を考察し、多面的・多角的に社会を理解する、の3項目が列挙されている。また、「社会保障の理念・内容・課題」を理解するための教科書的なテキスト教材や視聴覚資料などが併せて公開されている。[*3]当然ながら、こうした教材などを介して教授される重点的教育項目は、今後のわが国における社会保障政策への国民の支持・不支持に[*4]相応の影響を与えることになるため、その教育内容の重要性に関しては論を待たない。[*5]実際、今回の検討会報告書の提言には、「教科書会社への情報提供：現行の教科書に、本検討の方向性が盛り込まれるよう、教科書会社

への情報提供を提言」すると明記されており、今後の教科書作成に相応の影響を与えることが想定される。[6]

　このように今後の社会保障教育のありように、強い影響を与え得る厚生労働省の教育政策だが、その叩き台となった前記「検討会報告書」の副題には「社会保障を正しく理解するために」という表現がある。また、同報告書内においても「正しい理解」、「正しい事実」という表現が繰り返し用いられている。これは、報告書の執筆者らをして、「社会保障に関しては、正しくない現状理解が社会全体に広く流布され、定着している」と認識させる状況があることを意味する。実際、報告書には「社会保障は、『世の中の常識』と『実際』の間の乖離度合いが大きい。『天動説』と『地動説』くらいのレベルの違いがある」（同3頁）という表現が認められる程である。それゆえ、検討会報告書は、前述した重点的教育項目の教授に留まらず、人々の間で広く共有されている「事実誤認の是正」にも重きを置いた社会保障教育の推進を目指しているといえよう。

　当然のこととして、是正すべき点を是正するのは重要な姿勢である。そのことを踏まえたうえで、ここで留意すべきは、次の2点である。

　留意点の1つ目は、「是正すべきと判断された『誤った見解や言説』は、果たして本当に『誤っている』と言い切れるのであろうか」という点である。言葉を換えて表現すれば、教科書を通じて教授される内容を、「是正」という名の下に統一化する際には、相応の慎重さが求められる、ということである。

　留意点の2つ目は、既存の「社会福祉教育」ではなく、「社会保障教育」という表現を用いた点である。すなわち、今後は、福祉系ボランティア活動などを連想させやすく、各人の主体性に働きかける[7]「社会福祉」政策に留まらず、年金や医療など、より公的な制度を連想させる「社会保障」が、教育内容の中心になるということである。その際、現行の社会保障抑制政策への追認と、それに伴う自己責任論のさらなる強化が、高校生らに対して教授される可能性が高くなるのではないか、との懸念が想定されることになる。

それでは、こうした留意点を踏まえたうえで、検討会報告書では、前述した重点教育項目を、どのように教授しようとしているのであろうか。また、検討会報告書が念頭に置く「是正されるべき誤った事実認識」とは、いかなるものなのであろうか。次節以降では、この点を検証する目的で、「社会保障概念」、「世代間格差・対立論への見解」、「年金制度への評価」の3項目を順次取り上げる。

2　社会保障概念と世代間格差・対立論への見解

　本節では、「社会保障概念」と「世代間格差・対立論への見解」を取り上げる。ここで、あらかじめ確認しておきたいことがある。それは、検討会報告書では、特定の国──たとえば、アメリカやスウェーデンなど──の社会保障政策をもって「これが望ましい」と、生徒らに教授するスタンスを避ける教育的配慮が見受けられることである。

　実際、報告書およびその資料編では、「指導者も自説を押しつけることなく、ともに議論を深めるようなスタンスで取り組んでいただくようお願いします」、「従って、設問については、一つの『正しい解答』があるものばかりではありません」という表現を、繰り返し用いている点が印象深い[8]。すなわち、特定の主義主張を押し付けるわけではない、というポーズを示している点は注目されよう[9]。

　こうした事実を直視したならば、前述した留意点の2つ目──「是正」という名の下での教育内容の統制に途を開くのではないか──は、当たらないということになる。とはいえ、「生徒たちが社会保障を正しく理解するために」という検討会報告書の副題にもあるように、検討会をして「正しい」と判断された社会保障に対する見解が、(次頁の発言にある) 中立的教育という文脈の下に教授されている側面が同時にみられる点には注視が必要である。これに関しては、細野真宏(検討会委員)による次の発言が興味深い。なお、傍点は筆者によるものである。

第1章 高校生を対象にした「新しい社会保障教育」政策　9

　「いわゆる専門家と言われている人たちも含めて、みんなが間違っていたというような、常識的にはあり得ないようなことが、社会保障においては起こってしまっている」

　「社会保障は研究者自体が少なかったのに、不幸なことにその人たちが『引っかけ問題』で間違えてしまっていたので、ずっとその後、間違え続けているような教育が、いまだに行われている」

　「どう立て直すかというところで、やはり新たに『中立的教育』が必要になる」

　このように、中立的教育の必要性を強調しながら、既存の社会保障論者の見解を批判的に扱う姿勢に、検討会委員の特徴がある。こうした前提的知見を踏まえ、はじめに検討会報告書の「社会保障概念」を確認する。

　まず、検討会報告書（資料編）には、わが国の社会保障概念として、次の一文がある。それは「日本の社会保障制度は、自助・共助・公助の最適な組み合わせに留意して形成すべき」というものである。これは、前述した『厚生労働白書』や「社会保障制度改革国民会議」報告書のそれと同一である。視点を変えて表現すれば、「権利としての社会保障」という観点は弱い、ということである。それゆえ、「人権としての生活保護」などのように、公的扶助との兼ね合いで「権利性」という表現が用いられることはほとんどない。しかし、社会保険を解説する際には、「給付の権利性」という観点から、「権利」という言葉が繰り返し用いられている。

　同様に、「世代間格差・対立論」への評価も、『厚生労働白書』や「社会保障制度改革国民会議」報告書のそれと軌を一にするものである。すなわち、世代間格差・対立論に対しては、批判的な論調が認められる。検討会報告書には、次の記載がある。

　「老親への私的扶養は、社会保険制度の充実に伴い減っているのではないか。」

　「前世代が築いた社会資本から受ける恩恵は、今の若人のほうが高齢

者より大きいのではないか。」

　「教育や子育て支援による給付は、今の若人のほうが高齢者より充実しているのではないか。」

　「少子高齢化の中で、親からの１人当たりの相続財産は、昔よりは増えているのではないか、等」

　「これらを考慮に入れて世代間の『公平』『不公平』を表す指標を作成しないと、各世代を生きる人たちにとって生活実感と外れた指標で議論していることにはならないか。」[13]

　「こうした経緯を踏まえれば、子世代が親世代を支えるという行為に対して、『社会化』後の制度の中だけに着目して機械的な割引現在価値を計算することにどのような意味があるのだろうか。そうした試算に基づいて、過去の保険料負担以上の給付を受けている前世代のことを一概に"楽をしてきた"、また、そうした制度を作ってきたことを"過去の不始末"と言えるのだろうか。」[14]

　このように、検討会報告書にみる社会保障概念は、「社会保障＝自助・共助・公助」を基盤としており、また世代間格差・対立論への評価は、それが不当なものだ、というスタンスに依拠している。それゆえ、とりわけ年金制度の損得勘定的観点からの世代間格差・対立論を展開する社会保障論者には、手厳しい批判が行われている。

　たとえば、「現行の年金制度は破綻する」と主張している鈴木亘による年金制度改革の提言は、（ⅰ）年金、医療保険、介護保険の積立方式への移行、（ⅱ）基礎年金財源の目的消費税化、（ⅲ）給付付き勤労控除等の抜本的税制改革、（ⅳ）機関補助から直接補助への補助金改革、などの諸政策により構成されている。[15]しかし、こうした見解に対しては、検討会報告書の作成委員の間から批判がなされている。たとえば、（ⅰ）に関しては、「社会保障の教育推進に関する検討会」の座長を務めた権丈善一が委員として兼任していた「社会保障制度改革国民会議　報告書」（概要含む）で、次のような批判がなされている。

「就労期間の長期化」などの課題は、先進諸国の年金改革に共通。また、「積立方式と賦課方式は、単に、将来の生産物に対する請求権を制度化するための財政的な仕組みが異なるに過ぎず、積立方式は、人口構造の変化の問題を自動的に解決するわけではない」(本年1月のIMF会合におけるプレゼンテーション)などの国際的な年金議論の到達点に立脚した改革議論を進めるべき[16]。

本年1月にIMFの主催で開催された「世界危機後のアジアにおける財政的に持続可能かつ公平な年金制度の設計」と題した会合において、①年金制度で鍵になる変数は将来の生産物であり、積立方式と賦課方式は、単に、将来の生産物に対する請求権を制度化するための財政的な仕組みが異なるにすぎず、積立方式は、人口構造の変化の問題を自動的に解決するわけではないこと、②年金財政問題の解決策は、(ⅰ)平均年金月額の引下げ、(ⅱ)支給開始年齢の引上げ、(ⅲ)保険料の引上げ、(ⅳ)国民総生産の増大政策の4つしかなく、これらのアプローチが含まれていない年金財政改善方策はいずれも幻想にすぎないことが明快にプレゼンテーションされている[17]。

検討会報告書に書かれた年金制度に対する見解は次節以降で紹介するが、いずれにしてもこの段階から、世代間格差論者と一体化する傾向にある年金破綻論者の見解を強く否定する形で、結果として、現行の年金制度に対する信頼感を得ようとする権丈の姿勢が垣間みられる。しかし、ここで興味深いのは、「年金財政問題の解決策は、(ⅰ)平均年金月額の引下げ、(ⅱ)支給開始年齢の引上げ、(ⅲ)保険料の引上げ、(ⅳ)国民総生産の増大政策の4つしかなく」という国民会議報告書における指摘は、少なくない年金制度破綻論者も、年金制度の持続可能性に必要な改善条件として指摘している点である。つまり、批判論者が多用する「世代間格差」という文脈からではなく、「長期的な持続可能性をより強固なものとする」という観点から、保険料の増額、給付の抑制などの年金破綻論者と同質の改善策が正当

化されている、ということである。もちろん、賦課方式や積立方式に対する
評価は、識者間に大きな隔たりがある。とはいえ、国民の側からすれば、い
ずれの切り口からも出てくる改善策には多くの類似性があるといえよう。

3　年金制度に対する安心感を育む教育内容

　「社会保障の推進教育に関する検討会」報告書は、前記のとおり、(1)社会
保障の理念、(2)社会保障の内容、(3)社会保障の課題、という3項目を重点
的な教育課題としている。そのなかでも、多くを割いているのが「年金」に
関するものである。この点も、『厚生労働白書』や「社会保障制度改革国民会
議」報告書と同じである。これは、賦課方式を採用するわが国の年金制度の
維持には、若年層からの理解を得ることが不可欠だからである。それはま
た、年金制度に対する若年層の信頼感の低さを、検討会委員らが認識して
いることの表れでもある。実際、検討会報告書には、次のような文章があ
る。なお、傍点は筆者によるものである。

　　特に年金については、「年金は400兆円以上の超過債務を抱えている」
　「未納が増えると年金が破綻する」「年金は払っただけもらえないので、
　若者にとっては払い損である」などの論調で語られることも多く、特に
　世代間の負担の不均衡については、正確な知識と社会保障の基本的な性
　格についての理解が必要（同3頁）

　社会保障の基本的な性格というのは、『厚生労働白書』（平成24年版）で指
摘された「（社会保障は社会連帯に基づく支え合いの制度であり、社会保障[*18]
を考えるに当たっては、自分の都合や利益だけではなく、他者の立場に
立って、社会のあり方を考える視点が極めて重要である）[*19]」を意味すること
になるわけだが、いずれにしても、前記の文章からも明らかなように、検討
会報告書には、年金破綻論や、前述した世代間格差論への批判と同じく、年

金制度における世代間不公平論への批判的論調が認められる。国民の間に広くみられるこうした見解を意識して、検討会報告書が表明する年金制度に対する評価は、次の3つに集約することができる。それらは、現行制度には継続的な改善を要する部分があると認めながらも、①年金制度は破綻しない、②ゆえに、年金制度は相応の信頼に値する、③年金破綻論者の改革案には問題が多い、というものである。

たとえば、①に関しては、検討会委員会が「実際の講義向け」として作成した「資料編」において、漫画的な挿絵も多用する形で、高校生に対して年金制度への安心感を促している。

まず、1つ目の絵は、1970年時点での年金制度をとりまく状況を表している（図1-1）。これによると積立金が相当増えていたことがイメージされる。そして2つ目の絵は、2050年時点での年金支給に関する想定図であり、そこでは積立金が活用されることから、支給に問題は生じないであろうことが示されている（図1-2）。

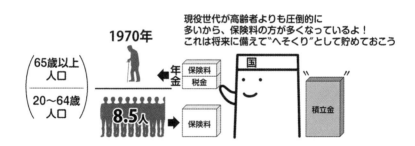

図1-1　1970年の従属人口比率と年金制度

資料：「高校生が知っておくべき将来の話⑧ 少子高齢化が進むと年金はどうなるの？」厚生労働省政策統括官（社会保障担当）「社会保障の教育推進に関する検討会報告書——生徒たちが社会保障を正しく理解するために（資料編）」平成26年7月18日。

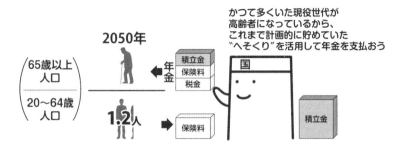

図1-2 2050年の従属人口比率と年金制度（推定）
資料：「高校生が知っておくべき将来の話⑧ 少子高齢化が進むと年金はどうなるの？」厚生労働省政策統括官（社会保障担当）『社会保障の教育推進に関する検討会報告書──生徒たちが社会保障を正しく理解するために（資料編）』平成26年7月18日。

　また、保険料を一定期間支払わないと年金を受給できなくなるものの、それでも消費税などの形で年金財源には寄与しているので、「保険料の払い損」などという指摘は間違いであり、むしろ「年金のもらい損」になる、と解説している（図1-3）。これらの指摘は、少なくない高校生の年金制度に対するイメージの改善に資することになるであろう。

図1-3 年金保険料の払い損と、年金のもらい損
資料：「高校生が知っておくべき将来の話⑦ 年金の保険料を払わないとどうなるんだろう？」厚生労働省政策統括官（社会保障担当）『社会保障の教育推進に関する検討会報告書──生徒たちが社会保障を正しく理解するために（資料編）』平成26年7月18日。

　このように年金制度は安心してよく、かつ、保険料は支払うべきだ、という見解を表明したうえで、さらに、年金保険料の未払者は「一部、ごく少数の問題である」との言説が検討会報告書（資料編）の次の文章にみられる。

第1章 高校生を対象にした「新しい社会保障教育」政策　15

　ニュースなどで「国民年金保険料の納付率が60％を下回った」という話を聞くと、「半分近くの人が年金の保険料を払っていないなんて、年金制度は大丈夫かな？」と思うかもしれません。しかし、この「60％」という数字は、自営業者などが入る「国民年金」、会社員などが入る「厚生年金」と2つある年金のうちの「国民年金」に関する納付率です。多くを占めている「厚生年金」の場合では、あらかじめ給料から保険料が引かれるので、基本的に保険料を払わないという選択肢はないのです。
　つまり、実は年金制度全体で見ると、年金の保険料を納めていない人は「全体の5％程度」であり、ほとんどの「約95％」の人が年金の保険料を払っているのです。[20]

　このように、年金の未払い者は少数派であり、未払い者の増加による年金破綻は考え難い、とする論調が展開されている。ここで興味深いのは、年金制度は安全だとの主張を展開する中で、年金の給付水準に関しては、あまり記述がないことである。この点は、社会保障審議会年金部会（2014年8月20日）の「年金制度は維持できても、老後の安心を保てる給付水準を割り込む危険性」といった指摘を反映していない教育内容だ、と評されても致し方ない面がある。それゆえ、先のような制度に対する安心感を育むことに基軸を置いた授業を受けた場合、少なくない生徒が、「制度は維持される→将来、年金を受給できる→老後はそれほど心配する必要はないのかもしれない」という解釈に陥る可能性がある。また、前述した「95％の人が年金を支払っている」という表現が招きかねない（ある種の）誤解に対する説明[21]も限定的である。
　さらに検討会報告書では、世代間対立論を併せて展開する年金制度破綻論者が代替案として提示する積立方式に関しても、前述した「社会保障制度改革国民会議」報告書と同様に、批判的に論じている。具体的には、次の一文がある。

積立方式で自分の老後を賄う方法が、変動が激しくその動きが不確実な市場社会の中で、あたかも簡単に成立するかのような主張がなされているが、積立方式のデメリットももっと議論されていいのではないか。実際に1990年代に積立方式の年金を導入した中欧・東欧諸国では、リーマン・ショックで高齢者の積立金が大幅に目減りしてしまった。そして日本でも、積立方式を採る企業年金は、金融市場の変動に翻弄され続けてきた。[22]

　このように、積立方式を批判することによって現行の賦課方式の利点を強調し、現行制度に対する安堵感を育ませる社会保障教育が展開されようとしている。視点を変えれば、2004年の年金制度改革に対する肯定的評価である。

　ただし、ここで注視すべき点がある。それは、年金を含む社会保障の財源に関しては、「財源不足」という点を除いて、あまり目立った記述がみられない、という事実である。より踏み込んでいえば、法人税や富裕層に対する課税強化などの財源問題に関する具体的記述はほとんどみられない、ということである。たとえば、検討会報告書の資料編のファクトシートとして、次の文章がある。

　このデータから読み取れることは、①「今の日本は、必要な費用に見合う負担ができておらず、負担を将来世代に先送りしている状態である」ということ、②歳入面では、税収が大幅に減少する一方で、国債等が大幅に増加、歳入の約半分を頼るまでに至っている。→国債等の借金は将来世代への負担の先送りである、③歳出面では、歳出規模全体が大きく膨らんでいる（69兆→90兆）。なかでも社会保障費が大幅に増加し、今や一般歳出（政府の政策経費）の半分以上を占めるまでに至っている。→社会保障費は高齢化等に伴い、今後も、いわば自然的に増加せざるを得ない。→こうした社会保障を、国民全体でどのようにして、守り、支えていくかが大きな課題。

このように、財源不足の中で社会保障費が大幅に増大している、という記述はあるものの、では、財源はどのように確保することが望ましいのか、といった具体的な提言は示されていない。それゆえ、財源確保に関する議論を促す教育内容になっているとは言い難いこうした見解に関しては——筆者とは立ち位置が大きく異なる——新自由主義論者で知られる八代尚宏をして、「これは短縮すれば『世代間格差の責任は十分な財源を調達できない財務省にあり、厚生労働省ではない』という省庁間の責任の押し付け合いに過ぎない[23]」と批判している点が興味深い。

これに関連して、高等学校学習指導要領（平成21年3月告示）の【高等学校学習指導要領解説 公民編】（政治・経済 内容の (2) ア関連抜粋）には、次の文章がある。なお、傍点は筆者によるものである。

　　さらに財政活動を行うには原資が必要であることに気付かせ、租税や国債など財源の調達方法やそれぞれの問題点を理解させるとともに、限られた財源をいかに配分すれば国民福祉が向上するかを考察させ、適切な財政運営が重要な課題であることに気付かせる。

この文章からも推察されるように、「財源は限られている」という認識を教授することが「学習指導要領」には明記されている。とはいえ、この見解の妥当性それ自体を疑う必要があることを、少なくない先行研究が指摘している[24]。つまり、課税先は「本当に限られているのか」という視点であり、補足すれば、そもそも財源不足論と表裏一体で論じられやすいわが国の債務の激増という指摘すら、実は正確な現状把握であるのか疑わしい、ということである[25]。

いずれにしても、こうした「学習指導要領」の認識があればこそ、本来であれば財源確保の多様化を踏まえた議論が深まらなくてはならないはずであるが、検討会報告書が提示する社会保障教育では、その点が不十分だといえよう。それはまた、結果として「みんなで支えるしかない」という価値観を介して、みんなで支える「消費税しかない」という論調に——これまで

もそうであったように、これからも——合流する可能性を高めるともいえ
よう。

4　年金制度に対する安心感を促す従属人口比率の計算方法

　このように検討会報告書は、厚生労働省の見解を評価・追認した箇所が
随所に認められる。その際、若年層に年金制度に対する安心感を促すこと
に寄与する計算方法が採用されている点が興味深い。筆者が、その計算方
法に注目する理由は明確である。というのは、厚生労働省は、かつて、その
計算方法とは、全く異なる計算方法を採用していたからである。

　かつて、厚生省（当時）は、高齢者1人を支える現役世代の人数の激減と
いう観点から国民の危機感を煽り、結果、「増税やむなし」という論調を展
開してきた経緯がある。もちろん、こうした認識は、従来の高等学校の教科
書においても見受けられる。たとえば、2006年3月20日文部科学省検定済
で、2008年3月5日に発行されている高等学校の公民科用となる『詳説 政
治・経済』（山川出版社）には、次の文章がある。

　　少子高齢化の進展により、1人の高齢者を何人の現役世代で支えるか
　という扶養係数は、1995年には4.8人だったのが、2005年には3.3人、
　2015年には2.4人、2050年には1.5人になると厚生労働省は予測してい
　る。（168 〜 169頁）

　この山川出版社（2008年発行）による少子高齢社会危機論の基となる計
算方式に依拠した厚生労働省的解釈は、決して同出版社のみに特有の記述
ではなく、それ以前（ただし、全て2002年以降）の他の高等学校教科書にも
多々みられたことである。次の資料（表1-1）は、その証左である。

第 1 章　高校生を対象にした「新しい社会保障教育」政策　19

表 1-1　2000 年代初頭の高等学校検定教科書における「少子高齢社会」の描かれ方

	書名	出版社	検定済み年	記載内容
1	現代社会	東京書籍	平成 14 年 （2002 年）	高齢化の進行にともない、社会保障や租税負担の増大や社会の活力の低下などの課題が指摘されている（58 頁） 少子化が進むと 15 ～ 64 歳の生産年齢人口が減少して経済成長率が低下するのではないかという指摘や、一人あたりの社会保障負担の増大、子どもどうしの交流機会の減少による社会性の面での課題などが指摘されている（59 頁）
2	高校現代社会	実教出版	平成 14 年 （2002 年）	年金制度の維持のため、保険料や税負担が大きくなり、その負担は現役ではたらく人々にかかっている。しかし、少子化により生産年齢人口が減少しているため、制度そのものを維持することがむずかしくなっている（73 頁）
3	現代社会	実教出版	平成 14 年 （2002 年）	高齢者が増えると、年金や医療費などの社会保障費も増え、社会のなかで労働力の中核をなす世代の負担が大きくなる（42 ～ 43 頁） 高齢化による社会保障負担の増大に対しては、給付と負担の適正化をはかるなど、政府による適切な社会保障政策が求められる（43 頁）
4	現代社会	三省堂	平成 14 年 （2002 年）	若年人口および生産年齢人口の低下で、変化への対応能力や新しいものを生み出す力などが低下するという予測があり、対応策が求められている（44 頁）
5	現代社会 ——地球市民 として生きる	教育出版	平成 14 年 （2002 年）	平均寿命の伸びと、出生率の低下による子どもの数の減少がある。このような変化から、医療や介護の負担、年金制度や家計への負担、扶養負担などが将来増大することになる（67 頁）
6	高等学校 現代社会	清水書院	平成 15 年 （2003 年）	少子高齢化が進むと、老年人口を支える生産年齢人口が少なくなっていく。このため高齢者の年金、介護や医療などの財源の経済的負担が若い世代にかかっていくことになる（28 頁）
7	新現代社会	清水書院	平成 14 年 （2002 年）	少子化が進んで若い人の数が減るということは、単純にいえば労働力人口も減ってしまうことになる。はたらく人たちが減れば、企業の経済活動に影響が出ることはもちろん、税金や保険料の収入が減ることになる。いっぽうで高齢者がふえれば、年金や医療保険などの社会保障に関する支出がふえることが予想される。これでは社会保障制度は破綻しかねない。もちろん税収が減れば社会保障以外の行政活動にも影響がおよぶ（62 ～ 63 頁）
8	高校生の新現代社会 ——地球市民 として生きる ——最新版	帝国書院	平成 14 年 （2002 年）	（少子高齢化が社会に与える影響について）とくに将来における労働力の不足や、社会の活力の低下などは深刻な問題です（44 頁）

	書名	出版社	検定済み年	記載内容
9	現代社会	山川出版社	平成 14 年 (2002 年)	子どもの数が減り、高齢者がふえることによって、1995 年の時点では 1 人の高齢者を 15 歳から 65 歳未満の生産年齢人口 4.8 人で扶養する計算であったのが、2015 年には 2.4 人で 1 人の高齢者を扶養することになると予測されている。このままでは、働く世代にあたる人の負担が重くなりすぎ、勤労意欲がそがれたり、社会の活力が失われることが心配されている (41 頁)
10	現代社会 ── 21 世紀を生きる	数研出版	平成 14 年 (2002 年)	労働・納税をする人びとの数も減ることになり、国の産業や財政に深刻な影響をあたえる。一方、高齢者の年金や医療費などの社会保障費はふえつづけ、『数少ないはたらきざかり世代』が『数多い高齢者』をささえなければならない事態になることが予測される (49 頁)
11	高等学校現代社会	数研出版	平成 14 年 (2002 年)	高齢化社会・高齢社会が到来すると、少ない労働力で多くの老齢人口を養わねばならなくなり、労働人口への負担が過重になる (35 頁)
12	高校現代社会──現代を考える	一橋出版	平成 14 年 (2002 年)	子ども・若者の減少によって、社会全体の活力が失われがちとなり、人口減少によって消費や貯蓄が減れば、低成長型の社会が到来する。また高齢社会では福祉・年金などの社会的コストが増大するため、社会全体としてみると、いわば収入は少ないが支出の多い赤字状態となる (55 頁)
13	高等学校現代社会	第一学習社	平成 14 年 (2002 年)	人生 80 年時代を迎えて、『社会の第一線』を退いた後、20 年以上の人生がある。今後、社会保障のための費用は急速に膨らむ。それにともない、若い人たちの負担が増加することが予想される (70 頁)
14	高等学校新現代社会	第一学習社	平成 14 年 (2002 年)	少子高齢化の進展にともなって、将来の労働力不足が心配されている。また、家族や社会にとっては、高齢者の世話を誰がどのような形でおこなうのか、医療や年金などの費用をどのように負担するのかという問題なども生じている (55 頁)
15	現代社会	東京学習出版社	平成 14 年 (2002 年)	生産年齢人口(15 歳〜64 歳)が減少するなかで、高齢者の安定した生活を確保するための年金制度の維持も、大きな問題である (135 頁)
16	新現代社会	桐原書店	平成 14 年 (2002 年)	急速に進む高齢社会のなか、高齢者が年金を受給するため、若者が高額の費用を負担しなければならなくなっている。若者が高齢になったときに年金を受給できない事態になれば、世代間不公平から社会不安もおこりかねない。どのような社会保障の制度が公平なのかを、若者を含めたすべての国民が考え、発言しなければならない時代になる (61 頁)

資料：阿部敦（編）、阿部敦・渡邊かおり（共著）『「少子高齢社会」の描かれ方──高等学校検定教科書公民・現代社会編）は、何を教えようとしているのか』大阪公立大学共同出版会、2005 年 5 月、15 〜 20 頁。

第1章 高校生を対象にした「新しい社会保障教育」政策　21

　しかし、今回の検討会報告書および資料編では、「1人の高齢者を何人の現役世代で支えるか」という従来の計算方式（後掲する図1-4）ではなく、「就業者1人が支える非就業者の人数」（同図1-5）に注目し、その値は過去数十年間、実質的に変化していない、という見解を採用している。具体的には、検討会報告書の資料編「高校生が知っておくべき将来の話⑩　これからの社会をどう考えていけばいいのか？」に、次の文章がある。なお、傍点は、筆者によるものである。

　　さらに、現代では、昔より、もっと「支える人」の多様性が増してきました。例えば、働く女性も増えてきました。高齢者についても、現代は"生涯現役社会"に近づいています。65歳以上の人でも元気でいろんな知識をもった人がたくさんいます。
　　女性の社会参画については、まだ日本は遅れている面があり、高齢者がもう一度社会で働ける仕組みも、まだ出来上がったばかりです。つまり、「支える人」はまだまだ増えていく余地があり、「支える人（働いている人）」と「支えられる人（働いていない人）」という視点で見ると、実は昔も将来も、1人を支える人数はそれほど変化があるわけではないことが想定されているのです。

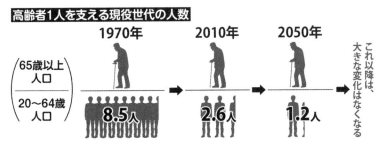

図1-4　高齢者1人を支える現役世代の人数（1970～2050年）
出所：総務省「国勢調査」、社会保障・人口問題研究所「日本の将来推計人口（平成24年1月推計）」（出生中位・死亡中位）、厚生労働省「人口動態統計」
資料：「高校生が知っておくべき将来の話⑨　もし年金の仕組みがなかったら？」厚生労働省政策統括官（社会保障担当）「社会保障の教育推進に関する検討会報告書——生徒たちが社会保障を正しく理解するために（資料編）」平成26年7月18日。

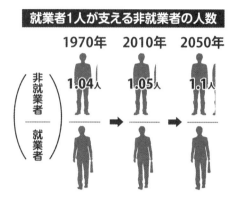

図 1-5　就業者 1 人が支える非就業者の人数（1970 〜 2050 年）
出所：総務省「国勢調査」、社会保障・人口問題研究所「日本の将来推計人口（平成 24 年 1 月推計）」（出生中位・死亡中位）、労働政策研究・研修機構「労働力需給の推計（平成 20 年 3 月）」
資料：「高校生が知っておくべき将来の話⑩　これからの社会をどう考えていけばいいのか？」厚生労働省政策統括官（社会保障担当）「社会保障の教育推進に関する検討会報告書——生徒たちが社会保障を正しく理解するために（資料編）」平成 26 年 7 月 18 日。

　検討会報告書が用いている、従来の「1 人の高齢者を何人の現役世代で支えるか」という計算方式ではなく、「就業者 1 人が支える非就業者の人数」による計算のほうが、より正確な実態把握だとする見解は、それまでの論調を大きく変えると同時に、今後の社会保障およびそれをとりまく生徒らの現状認識にも大きな影響を与える可能性がある。もちろん、この計算方式によってイメージされる超高齢社会の社会保障制度のほうが、支え手が多くなることから、制度の持続可能性に対する信頼感を高めることが期待される。
　ただし、ここで併せて確認すべきは、実はこうした「就業者 1 人が支える非就業者の人数」による計算方式は、川口弘や川上則道が四半世紀も前に厚生省（当時）の見解を批判するために用いた論調と軌を一にするものだということである。より厳密には、川口や川上らと同様の論調を採用していた公文昭夫によると、先の計算方式に従えば、実は（数十年どころか）およそ 100 年前から、わが国におけるその値——就業者 1 人が支える非就業者

の人数——は大きく変化していない、とのことである。[28]

　このような経緯を踏まえたならば、ある時は、高齢社会危機論を展開するのに都合の良い分母と分子が厚生労働省によって採用され、その後、年金制度を中心に、社会保障制度に対する不信感が増すようになると、今度は年金制度や社会保障制度は信頼に足るものだとする理論展開に有利な分母と分子が用いられているのではないか、という感が否めないのである。

　もちろん、より正確な現状把握の観点から、計算方法を変更したに過ぎないとも考えられよう。とはいえ、検討会報告書の図1-5には、賃金の観点が考慮に入れられていない点に留意したい。つまり、支える側と支えられる側との実質的な比率には、大きな変化は生じていないのかもしれないが、川口や川上らがそれを主張した当時とは異なり、現在は不安定雇用の就労者の割合が激増しているという変化がある。つまり、就労人口の比率が大きく変化していないということの意味合いが、当時と今とでは異なる部分がある、ということである。多くの就労者は、従属人口を支える以前に、自身を支えるだけで手一杯だからである。

　そうしたことも念頭にあるのか、報告書の資料編では、年金制度の持続可能性を踏まえたうえで、「これはあくまで平均的な話で、老後には急に重い病気になることもあるなど、どの家庭においても、年金だけでまかなえるわけでもないので、老後のために『貯金』などで蓄えを築くことも大切なのです。[29]」という指摘も併記されている。しかしこの点は、年金制度の維持に関しては安心してよい、とする部分が資料編全体としては多くを占めていることから、結果として貧困層の拡大（と、それに伴う社会保障政策の質的充実の必要性）という現実が軽視されている面は否めない。つまり、危険性への指摘は行いつつも、それ以上に、検討会報告書の基軸は、制度的な持続可能性という部分の強調にある、ということである。

　なお、筆者は図1-4と図1-5を比較した場合、前述した不安定就労に伴う貧困層の拡大という現実を考慮に入れないのであれば、図1-5の「就業者1人が支える非就業者の人数」のほうがより妥当性は高いと考えている。しかし、これも前記のとおり、やはり厚生労働省の見解には、ある種のご都合

主義的側面を認めざるを得ない。

　これに関して、『厚生労働白書』（平成24年）の「第7章　社会保障を考え
るに当たっての視点」には、三菱総合研究所の調査結果を引用する形で、次
のような記載がある。

　　今回の調査では、現役世代と高齢者の関係に関する意識について調べ
　るために、「現役世代」と「高齢者」の間の意見の相違や対立関係について
　質問した。その結果、「現役世代」と「高齢者」が「とても強く対立してい
　る」または「ある程度対立している」と回答した人は23.1％にとどまり、
　「あまり強く対立していない」または「まったく対立していない」と回答し
　た人が71.5％を占めた。［……］また、1999年の同様の調査結果と比較す
　ると、対立関係を認識している比率は、1999年調査より減少しているこ
　とがわかる。[30]

　つまり、世代間対立という言説が注目されてはいるものの、それは少数
派の見解であり、さらに、世代間対立論への賛同は、1999年の調査よりも
減少している、とのことである。ここに、「世代間対立論を主張する論者に
対する批判的な見解」を読み取ることができる。
　しかし、『厚生労働白書』で取り上げられたこの調査結果に関しては、少
なくない批判が表明されている。たとえば、社団法人日本医師会は、その調
査手法を批判的に論じている。具体的には、同会の定例記者会見（2012年9
月5日）で、次のコメントが表明されている。

　　「社会保障に関する国民意識調査」の調査手法に問題がある。同調査は
　株式会社三菱総合研究所に委託し、株式会社マクロミルのネットリサー
　チに登録しているモニタに回答を依頼したものである。株式会社マクロ
　ミルのサイトにモニタ登録し、アンケートに回答すると、アンケート内
　容や質問に応じてポイントが貯まり、指定銀行に振り込んで換金した
　り、インターネット通販のポイントなどに交換したりすることができ

る。モニタの抽出にあたっては、対象者（20歳以上）を「居住地（全国8ブロック）、年齢、性別による構成比に応じてサンプル割付」を行ったとあるが、そもそも、このようなサイトの登録者が、国民を代表しているといえるのか、はなはだ疑問である。[31]

　当然ながら、適切かつ、他の調査と比較可能な調査方法を採用した末に、「同様の特徴」が導かれる可能性はある。そうした可能性は排除すべきではない。とはいえ、日本医師会の指摘を鑑みたとき、調査方法に相当の疑義が認められる調査結果を、なぜ厚生労働省が敢えて『白書』に採用したのかに関しては、検討に値するといえよう。ただ、その理由はどうあれ、この調査結果は、世代間格差・対立論に対して批判的な厚生労働省の主張に有利に機能することは間違いない。
　なお、「社会保障の教育推進に関する検討会」を主催した厚生労働省は、前述の認識に依拠した社会保障教育を本格的に展開させる途にあるが、こうした社会保障観を中高生も含めた国民一般に周知すべく、HP上でマンガを公表している。そのタイトルは「いっしょに検証！ 公的年金」であり、全11話86頁から構成されている（2014年5月14日公開）。[32]当然ながらその主旨は、年金制度に関する多々ある誤解に対して、「特段の心配はありません」とする反論である。このように、厚生労働省としては、全世代に向けて年金制度に対する安心感を促そうと腐心している。高校生に対する今回の社会保障教育政策は、そうした全世代向けの啓蒙活動の一環であるといえよう。

5　内閣府経済社会総合研究所の見解に対する批判

　このように、検討会報告書——すなわち、厚生労働省——が採用している計算方式の変更は、その妥当性の是非は別にして、彼らの主張に与するものである。しかしこうした見解が、必ずしも他の府省庁と同一になるわ

けではない。とりわけ、世代間対立論に関しては、厚生労働省は内閣府経済社会総合研究所の見解を批判しているため（本章脚注33参照）、同一国家における国家機関の真逆の見解の表明により、少なくない国民は、どちらの見解がより正確な現状把握なのか混乱することであろう。この点を象徴しているのが、厚生労働省 政策統括官付社会保障担当参事官 武田俊彦による「特別掲載 世代間格差論に対する考え方——社会保障の教育推進に関する検討会資料から（上）（下）[*33]」である。

　まず（上）では、内閣府経済社会総合研究所のディスカッションペーパーとして公表された「社会保障を通じた世代別の受益と負担」で用いられている試算の技術的側面について5つの問題点を指摘している。その5つの問題点とは、「①保険給付の期待値を計算することの問題、②割引率の問題、③100年後の医療や介護（の現在価値を求めようとする問題）、④事業主負担の扱いの問題、⑤引き算で考えるべきか割り算で求めるのがよいのかという問題[*34]」である。そして（下）では、前述した内閣府ペーパーの前提にある認識、すなわち、理念的な論点について、かなり手厳しい批判を展開している。武田の厚生労働省における役職、およびそれが社会保障教育に与える影響を勘案したとき、これは注目すべき批判になるといえよう。

　このように厚生労働省は、内閣府経済社会総合研究所のディスカッションペーパーに対して批判的な立ち位置にあるが、これに関連して、内閣府「社会保障の現状について」（資料3）（平成26年4月21日）には、次のような図1-6がある。前述した厚生労働省による「就業者」と「非就業者」の対比でなく、65歳以上を高齢者とするケースと、70歳以上を高齢者とする2つのケースはあるものの、年齢の輪切りによる「現役世代」と「高齢者」との対比は象徴的である。

第1章 高校生を対象にした「新しい社会保障教育」政策　27

○現在のままでは、2060年に現役世代1.2人で高齢者1人を支えることになる。

○70歳まで現役世代とすることができれば、1.6人で1人となる。

○合計特殊出生率を2030年までに2.07に引き上げることができれば、1.4人で1人となる。

○上記2つを両立することができれば、1.9人で1人となる。

2014年の現状
・現役世代は64歳まで
・高齢者は65歳以上
・合計特殊出生率1.41
子ども（～19歳）2,293万人
現役（20～64歳）7,564万人
高齢者（65歳～）2,948万人
高齢者／現役世代 1人／2.6人

2060年：現状のまま何もしない
・現役世代は64歳まで
・高齢者は65歳以上
・合計特殊出生率1.35程度
子ども（～19歳）1,104万人
現役（20～64歳）4,105万人
高齢者（65歳～）3,464万人
高齢者／現役世代 1人／1.2人

2060年：70歳まで現役コース
・現役世代は69歳まで
・高齢者は70歳以上
・合計特殊出生率1.35程度
子ども（～19歳）1,104万人
現役（20～69歳）4,667万人
高齢者（70歳～）2,902万人
高齢者／現役世代 1人／1.6人

2060年：出生率回復コース
・現役世代は64歳まで
・高齢者は65歳以上
・合計特殊出生率2.07に回復
子ども（～19歳）2,181万人
現役（20～64歳）4,881万人
高齢者（65歳～）3,484万人
高齢者／現役世代 1人／1.4人

2060年：両立コース
・現役世代は69歳まで
・高齢者は70歳以上
・合計特殊出生率2.07に回復
子ども（～19歳）2,181万人
現役（20～69歳）5,444万人
高齢者（70歳～）2,921万人
高齢者／現役世代 1人／1.9人

図1-6　現役世代と高齢者のバランスのシナリオ

資料：内閣府「社会保障の現状について」（資料3）（平成26年4月21日）を基に、筆者が一部加工した。

なお、社会保障に関する記述がある高等学校の公民（現代社会、倫理、政治・経済）は、「平成24年度までの旧学習指導要領に基づく旧科目」と、「平成25年度からの新学習指導要領に基づく新科目」とに、大きく二分することができる[35]。今後、厚生労働省の見解を強く反映した検討会報告書の提言を踏まえ、どのような社会保障観や超高齢社会像が各教科書において描かれるのか、特に年金制度への信頼感を育みつつも、社会保障領域における公的責任縮小の観点から自己責任論の強化を促すという（ややもすれば）矛盾する要求を、いかに生徒らに無理なく教授する筆致となるのかは、注目に値する。それゆえ、各教科書出版社による内容の差異およびその教科書の採択率も、興味深いテーマになるといえよう。

6　報告書で軽視される項目

これまでに、「社会保障の教育推進に関する検討会」報告書に関して、その基礎的特徴を把握すると共に、必要に応じて、それを既存の論調と対比させる形で検証を行ってきた。本節では、こうした検証を踏まえつつ、さらに「筆者の立ち位置」から検証を行うこととする。

筆者が検討会報告書などに依拠した厚生労働省の社会保障教育に関して、軽視されていて問題だと考える項目は、次の4点である。それらは順に、(1) わが国の社会保障政策は、国際的な観点から捉えた場合、コストパフォーマンスに著しい問題があるが、そうした点が軽視されている[36]、(2) そのような社会保障制度であるがゆえに、所得再分配機能が脆弱である（→貧困層の拡大を抑制することができていない）[37]が、この点に関する教育も軽視される傾向にある、(3) 貧困層の拡大に伴い、公的扶助に対する理解の必要性が高まっているが、社会保障教育における公的扶助の取り扱いは限定的であり、その結果として「社会保障の権利性」という観点が軽視されている、(4) 社会保障財源に関する議論が軽視されている、である。

検討会報告書に依拠した社会保障教育が、前記の項目に関して全く触れ

ていないわけではない。しかし、報告書が提示する重点教育項目を鑑みたとき、結果的に軽視されている重要課題であるのも事実である。とりわけ、筆者として問題だと考えるのは「権利性」に関する部分である。

　前述したとおり、わが国の社会保障制度は、貧困の抑制に成功しているとは言い難い。その意味では、公的扶助に関する教育内容の充実は、必要性が高まっている。しかし、検討会報告書では「社会保障の『権利』性」という観点が軽視されている。

　実際、本論で取り上げている「検討会報告書」およびその「資料編」の中に、生活保護の「権利性」という文脈での「権利」という表現の使用は、（表の中での）わずか1箇所のみの記載に留まっている。権利という言葉が用いられるケースのほとんどは、検討会報告書（資料編）にあるように「保険料を拠出するので権利がある」という文脈で用いられている。[38]すなわち「権利としての社会保障」[39]や「人権としての社会保障」[40]ではなく、「拠出あっての権利性」という観点のみが強調されている、ということである。

　しかし、保険料を拠出したくてもそれができない人々が増加し、さらに実態とは乖離した「生活保護バッシング」とでも呼称可能な報道が繰り返される昨今だからこそ、それこそ検討会報告書で繰り返し用いられる表現にもあるように、「正しい理解」や「正しい事実」の認識が重要になる。とりわけ、高校生という今回の教育政策の対象となる生徒たち自身の「子どもの貧困」が広く知られるようになった今日、貧困問題の観点が重要視されているとは言い難い社会保障教育には問題があるといえよう。

　生活保護に関する先行研究は数多く、近年では北九州市や大阪市の保護行政の問題点[41]が指摘されているが、そもそもわが国の相対的貧困率は、2009年時点で16％に達しているにもかかわらず、保護率（保護利用者数の人口比）は1.6％に留まっている。すなわち、生活保護で救済されているのは、本来であれば救済されるべきケースのおよそ1割ということになる。[42]要するに、生活保護レベルに該当する多くの人々は、生活保護制度を利用することなく困窮した生活を耐え忍んでいる、ということになる。

　しかし近年の報道では、こうした点にはあまり触れず、生活保護の不正

受給の問題を大きく取り上げる傾向にある。ところが、不正受給の発生率で見ると、2009年度では1.54％（発生件数／世帯数）であり、金額では0.33％に過ぎないことが明らかにされている。また、近年の資料等でも、この傾向に大きな変化はみられない。導入部分で紹介した検討会報告書の表現を用いれば、「社会保障は、『世の中の常識』と『実際』の間の乖離度合いが大きい。『天動説』と『地動説』くらいのレベルの違いがある」（同3頁）わけだが、社会保障の重要な一翼である生活保護に関するこの現実は、多くの生徒らにとっては意外な事実と映ることであろう。

　このように検討会報告書による社会保障教育は、貧困層拡大社会であるにもかかわらず、社会的弱者と呼ばれる人々の権利性という観点からは、その教育内容がとても十分だとは言い難い。とはいえ、近年の生活保護費抑制政策から多くの生徒の関心を逸らすという意味においては——多少、辛辣な表現を用いれば——効果的だともいえよう。

　それでは、どのような社会保障教育、より具体的には、どのような教科書の作成が求められるのであろうか。この問いに関しては、本章の趣旨から外れる部分があるため詳述は控えるが、神野直彦（東京大学名誉教授）の次の指摘は紹介しておきたい。

　　スウェーデンの教科書は、グループ討議方式で実施される授業に対応して作成されている。そのため、子ども達に「教える」という教科書ではない。日本のように「正しい」と教えられたことを憶えこむように作成されてはいない。

　　スウェーデンの教科書は、正しいことを教えようという記述ではなく、子ども達に何が正しいかを考えさせる教科書である。

　神野は、前記コメントの後、具体的な事例を紹介しているが、こうしたスウェーデン的な教科書作り、および教育アプローチが、本来、個々人によって異なる社会保障観であればこそ、目指すべき方向性の一つとして検討に

値するのではないだろうか。もちろん、この種の見解を支持するならば、社会保障教育を教授する教員の側には、今回の検討会報告書が公表した各種教材を用いて、多角的な観点から教授できるよう、相応の事前学習が求められることになる。

　しかし現実レベルでは、そのような期待をすることは厳しいであろう。すなわち、「教師向け講習等の実施：当検討会で作成した教材を教師向けに周知するとともに、作成意図を正しく理解してもらうための講習等の実施を提言」(本章脚注6参照)とした検討会報告書の提言に沿って、圧倒的多数の教員は、当該報告書が重視する項目とその解釈を、前記のとおり、特定の価値観を押し付けないという名の下に教授することになるであろう。[46]

7　小括

　本章では、将来の進路選択にかかわらず、これからの高校生に教授される可能性が高い「新しい社会保障教育」の特徴について考察した。その最大の特徴は、「社会保障＝自助・共助・公助」という『厚生労働白書』などと軌を一にする認識をベースに、「国の社会保障制度——とりわけ、不信感が強い年金制度——は、実は信頼に足る制度だ」というものである。これは従前の財源不足などを論拠とした社会保障抑制政策に対する容認・追認という手法とは異なるスタンスからの現状容認に作用する教育内容だといえよう。

　こうした認識を踏まえ、次章では「新しい社会保障教育」政策が反映される前の教科書内容に注目する。具体的には、平成27年度時点における検定済教科書（公民科・現代社会）に着目することで、従来における「社会保障の描かれ方」について叙述する。

注

※1 社会保障教育に関しては、当初から高校生に主眼が置かれていたという。次を参照。「制度を支える『理念』が重要——社会保障教育推進検討会が報告書」『週刊社会保障』(2783) 2014 年 7 月 7 日、14 頁。なお、厚生労働省政策統括官付社会保障担当参事官室の谷口泰晴社会保障専門官によると、こうした検討会が設置されたきっかけは、平成 22 年度に厚生労働省内で行われた政策コンテストで、職員が提案した「社会保障教育」が入賞したことにあるという。次を参照。「支え合いの仕組みや意義を若い世代へ伝えたい——社会保障教育の現場から」『週刊社会保障』(2709) 2013 年 1 月 7 日、76 ～ 77 頁。

※2 同検討会は有識者 9 名から構成され、文部科学省もオブザーバー参加の形で関与している。また、同検討会には、教材検討 PT も併設された。構成委員（五十音順）は、以下のとおりである。【社会保障の教育推進に関する検討会の委員（平成 26 年 6 月 23 日）】梶ヶ谷穣（神奈川県立海老名高等学校教諭）、栗原久（東洋大学文学部教授）、権丈善一（慶應義塾大学商学部教授）、寺田晃（全国社会保険労務士会連合会理事）、広井良典（千葉大学法政経学部教授）、細野真宏（アーク・プロモーション代表）、増田ユリヤ（教育ジャーナリスト）、宮台真司（首都大学東京都市教養学部教授）、宮本太郎（中央大学法学部教授）。【教材検討 PT の委員（平成 26 年 6 月 23 日）】梶ヶ谷穣、権丈善一、増田ユリヤ、三野直子（東京都立農業高等学校教諭）、宮崎三喜男（東京都立国際高等学校教諭）。

※3 より具体的には、「社会保障の考え方」、「日本の社会保障制度」、「公的年金の意義」、「公的年金のしくみ」、「医療保険の意義・しくみ」、「介護保険の意義・しくみ」、「社会福祉・公的扶助・公衆衛生の意義・しくみ」、「あるべき社会と今後の社会保障」について学ぶことができる教材等が掲載されている。なお、この社会保障教育に関する厚生労働省の URL に関しては、次を参照されたい。（いずれも最終閲覧 2015 年 1 月 16 日）。
http://www.mhlw.go.jp/stf/seisakunitsuite/bunya/hokabunya/shakaihoshou/kyouiku/
http://www.mhlw.go.jp/stf/seisakunitsuite/bunya/0000051472.html
http://www.mhlw.go.jp/stf/seisakunitsuite/bunya/0000051473.html
http://www.mhlw.go.jp/stf/seisakunitsuite/bunya/0000051475.html

※4 従来の教科書では、「社会保障に関する記述は、歴史や制度の分類が中心となっている」とのことである。前掲「制度を支える『理念』が重要——社会保障教育推進検討会が報告書」14 頁。

※5 同 HP では、平成 25 年度地域社会保障教育推進事業（モデル授業）において実際に行われた授業展開例（教材活用事例）を紹介している。

※6 「社会保障の教育推進に関する検討会報告書」（概要）には、4 つの提言が掲載されているが、特に次の 3 つが注目される。それらは順に、①学習指導要領改訂に向けて：「理念・内容・課題」を重点的に教えるべきという方向性が、中央教育審議

会において議論されるよう提言、②教科書会社への情報提供：現行の教科書に、本検討会の方向性が盛り込まれるよう、教科書会社への情報提供を提言、③教師向け講習等の実施：当検討会で作成した教材を教師向けに周知するとともに、作成意図を正しく理解してもらうための講習等の実施を提言、というものである。このように、同検討会の社会保障観は、今後の教科書内容に相応の影響を与える可能性が高い。

※7　たとえば、1993年の厚生省告示「国民の社会福祉に関する活動への参加の促進を図るための措置に関する基本的な指針」などを参照のこと。

※8　「社会保障の理念やあり方を考える」ワークシート活用マニュアル（解答例とねらい）。

※9　報告書の資料編では、社会保障制度は国により異なることを前提としたうえで、「あなたの考えは？」という問いかけを行っている。

※10　第2回社会保障の教育推進に関する検討会議事録（2011年12月26日）。なお、この細野の発言に関連して、鈴木亘（学習院大学教授）は、次のように発言している。「近年、厚生労働省からの頭脳流出は著しく、白書の劣化も年を追うごとに酷くなるばかりですが、今年は特に読むに堪えない記述が多くみられます。とりわけ、年金に関しての記述は、史上最悪のレベルと言っても良いでしょう。[……]曰く、『未納の分は将来、年金が支給されないため、長期的に見れば年金財政に影響はなく』等と説明されています。これはかなり大きな問題がある記述です。[……]この主張には2つの大きな問題があります。一つは、国民年金の未納者が将来、無年金や低年金の状態に陥った際には、生活保護に陥る可能性が非常に高いということです。[……]もう一つは、厚生年金と共済年金の加入者は、やはり肩代わりで、確実に『損』をしているということです。[……]このような一見もっともらしいが実は間違っている厚生労働省の主張を正すため」として、鈴木は自著『年金問題は解決できる！──積立方式移行による抜本改革』日本経済新聞出版社（2012年8月）を紹介している。前記の未納分に関する主張は、実は細野への批判であるが、その細野の見解は、社会保障教育に反映されることになる可能性が高い。次を参照。http://agora-web.jp/archives/1483814.html（最終閲覧2015年1月21日）。ただし、鈴木の言説には批判も多い。盛山和夫『社会保障が経済を強くする──少子高齢社会の成長戦略』光文社、2015年2月、51～54頁。

※11　同資料編の「『自立』を支援する社会保障制度」を参照。

※12　実際、同資料編の「社会保険料と税の違いとは」には、「社会保険料と税の違いについて考えさせ、社会保障のサービスを行っていくうえで、税と比べて社会保険の優れた特徴である『給付の権利性』について理解させる。」との記載がある。

※13　同資料編の「社会保険での世代間の『格差』は、本当に問題なのか？」を参照。

※14　同資料編の「『社会保険』の概念とは？」を参照。

※15　鈴木亘『財政危機と社会保障』〈講談社現代新書〉講談社、2010年9月、18～20頁。

※16　「社会保障制度改革国民会議　報告書（概要）──確かな社会保障を将来世代に伝えるための道筋」14頁。なお、ここでの本年とは2013年のことである。以降も同様。

※17　「社会保障制度改革国民会議　報告書──確かな社会保障を将来世代に伝えるた

めの道筋」44 頁。

※18 　本来、社会保障というものは、不測の事態として発生する生活問題を、国家責任において緩和・解決するものであり、自助や国民同士の助けあい（社会連帯）ではなかった。すなわち、生存権の保障は、国家に対して国民が有する権利である。しかし生存権の保障やその権利という表現は残したままで、その定義のみを変更することにより、社会保障の概念を変更（言語操作）することも、理論上は可能である。つまり、社会保障の理念を「権利」から「自立、自助、相互扶助（社会連帯）」に変質させるというものである。

　　たとえば、1993 年「社会保障将来像委員会第一次報告」の、「2. 社会保障の基本理念 (1) 社会保障の理念」では、社会保障の概念を次のように述べている。

　　　社会保障は、将来の不安への防波堤の形を決めることですべての人々の生活設計の確立に役立つ。同時に、万人に訪れる困難に対して助け合っていくという精神に基づいた社会に対する貢献でもある。[……] すなわち、社会保障は、みんなのために、みんなでつくり、みんなで支えていくものとして 21 世紀に向けての新しい社会連帯のあかしでなければならない。

　　また 95 年勧告においても、次のように述べられている。

　　　社会保障制度は、みんなのためにみんなでつくり、みんなで支えていくものとして、21 世紀の社会連帯のあかしとしなければならない。これこそ今日における、そして 21 世紀における社会保障の基本理念である。

　　国家に対する国民の権利は、「社会連帯のあかし」へと変化した。そして、社会保障の主語から「国」という言葉が消え、新たに「みんな」が主語になった。
　　「みんなで支える」という表現は、ボランティア活動などの地域社会における相互扶助的活動においては温かみのある表現として歓迎される。たしかに「助けあいの精神そのもの」は、民間社会福祉の中核概念である。しかし、地域的・地縁的相互扶助に代表される民間社会福祉活動、あるいは集団内相互扶助による社会保険の限界を克服するために社会保障制度が構築されてきたという歴史的背景があるにもかかわらず、ここでは再度、「みんなで支える」ことが提唱され、それこそが 21 世紀における社会保障の基本理念であるとして高く評価されている。しかしその一方で、『広辞苑』や『大辞林』などには、「社会保障とは国家責任で行うもの」という趣旨の記載がある。こうした言葉の定義と国の進める政策との乖離は、社会保障という概念の混乱に拍車をかけているといえよう。次を参照。真田是『社会保障論―― 21 世紀の先導者』かもがわ出版、1998 年 6 月、84 〜 91 頁。真田是『社会福祉の今日と明日』かもがわ出版、1995 年 3 月、52 〜 56 頁。真田是『民間社会福祉論――社会福祉における公と民』かもがわ出版、1996 年 7 月。

※19 　『厚生労働白書』平成 24 年度、239 頁。

※20 　「社会保障の推進教育に関する検討会」報告書（資料編）「高校生が知っておくべき将来の話⑦ 年金の保険料を払わないとどうなるんだろう？」より。なお、「社会保障の推進教育に関する検討会」報告書（資料編）にみられる年金制度に対す

る評価は、検討会のメンバーである細野真宏による、次の著書の内容と同一である。細野真宏『「未納が増えると年金が破綻する」って誰が言った？——世界一わかりやすい経済の本』扶桑社、2009 年 3 月。

※ 21　95％の人が保険料を支払うとはいえ、それは保険料の一部だけを支払う人も含めた値だ、という点が重要になる。たとえば、太田啓之は、次のように記している。「『納付率 6 割』とは『6 割の人しか支払っていない』という意味ではなく、『本来納められるべき保険料の 6 割しか支払われていない』という意味で、実際には保険料の一部だけ支払っている人は多いのです。［……］滞納者からも 2 年間はさかのぼって保険料を集めるので、最終的な不払い率は 31％です。『2 年間まったく保険料を納めていない』という確信的な不払いは 320 万人程度です。」次を参照。太田啓之『いま、知らないと絶対損する年金 50 問 50 答』文藝春秋、2011 年 4 月、46 頁。

※ 22　「社会保障の推進教育に関する検討会」報告書（資料編）「世代間の『格差』の解消は可能か？」を参照。

※ 23　八代尚宏『社会保障を立て直す——借金依存からの脱却』日本経済新聞出版社、2013 年 12 月、68 頁。

※ 24　髙橋洋一『数字・データ・統計的に正しい日本の針路』講談社、2016 年 2 月。山家悠紀夫『「構造改革」という幻想——経済危機からどう脱出するか』岩波書店、2001 年 9 月。山家悠紀夫『景気とは何だろうか』岩波書店、2005 年 2 月。山家悠紀夫『「痛み」はもうたくさんだ！——脱「構造改革」宣言』かもがわ出版、2007 年 4 月。

※ 25　たとえば、井上智洋（早稲田大学助教）は、2014 年 12 月 22 日、読売新聞online で、次のように述べている。

　　　政府の借金は 1000 兆円を超えており、さらなる借金の増大を危惧する人は多い。ところが、実は近年「国の借金」は減少傾向にある。経済学では、政府と中央銀行を合わせて「統合政府」と呼ぶ。政府と中央銀行はともに公的部門であり国の機関であるはずなので、「国の借金」とは「政府の借金」ではなく「統合政府の借金」を意味していなくてはならない。中央銀行が買いオペにより、民間銀行の保有する国債を買い入れれば、それだけ民間部門の国債は回収される。近年、日銀による国債の買い入れ額は、国債の新規発行額を上回っている。つまり、民間部門の国債保有額は減っており、「国の借金」も減っているのである。それゆえ、今のところ増税は必要ない。

　　論者によりわが国の財政状況に対する評価には相当の幅がある。とはいえ、この井上の見解——「統合政府」という観点——に依拠した場合、わが国の債務は、高齢化の更なる進展にもかかわらず、意外にも減少しており、ゆえに、増税の必要はないとのことである。井上の見解の妥当性は別に問われるべきだが、しかしこうした見解があればこそ、社会保障抑制容認論を前提とした論調には留意が求められよう。次を参照。http://www.yomiuri.co.jp/adv/wol/opinion/govereco_141222.html（最終閲覧 2014 年 12 月 24 日）。

※ 26　たとえば、『厚生白書』（1988 年度版）では、「87 年は 6.3 人で 1 人の老人をみ

ているが、2020年には2.5人で1人の老人をみるようになる」としている。正に「高齢者人口」対「生産年齢人口」の構図から導かれる数値である。

※27　川口弘・川上則道（著）『高齢社会は本当に危機か』あけび書房、1989年9月。

※28　公文昭夫「よくわかる年金問題（第3回）少子・高齢化は本当に危機か」『福祉のひろば』社会福祉法人大阪福祉事業財団、2003年6月号、48〜51頁。

※29　「社会保障の推進教育に関する検討会」報告書（資料編）「高校生が知っておくべき将来の話② 高齢者になったら、どう生活していけばいい？」より。

※30　『厚生労働白書』平成24年度、222〜223頁。

※31　また、医療費に関しては、次のように批判している。「先進諸国との比較と、『社会保障に関する国民意識調査』の本報告書に掲載されている経年比較についてである。経年比較では、『所得の高い人は、所得の低い人よりも、医療費を多く支払って、よりよい医療を受けられる』という考え方を『正しい』とする国民が年々増加しているとしている。しかし、先進諸国および日本の過去データは国際比較調査グループ ISSP（International Social Survey Programme）調査の各国共通テーマとして実施されたものである。日本では、NHK 放送文化研究所が ISSP に参加しており、全国16歳以上の国民1,800人に配付回収法で実施したもので、今回の調査とは手法が異なっている。『社会保障に関する国民意識調査』の本報告書は、『ISSP 調査結果のうち比較可能な設問について比較を行った』としているが、その理由について具体的な説明はない。」

※32　次を参照。http://www.mhlw.go.jp/nenkinkenshou/（最終閲覧 2015年1月16日）。

※33　武田俊彦「特別掲載 世代間格差論に対する考え方（上）――社会保障の教育推進に関する検討会資料から」『週刊社会保障』(2679) 2012年5月28日、54〜59頁。武田俊彦「特別掲載 世代間格差論に対する考え方（下）――社会保障の教育推進に関する検討会資料から」『週刊社会保障』(2680) 2012年6月4日、54〜59頁。なお、序論の脚注3でも記したように、本文中に出てくる内閣府経済社会総合研究所のディスカッションペーパー「社会保障を通じた世代別の受益と負担」(2012年1月)は、正確には内閣府の公式見解ではなく、当該ペーパー執筆者らの見解に過ぎない。しかし社会的には、内閣府が公表したものとして解釈されることが少なくない。

※34　武田、前掲「特別掲載 世代間格差論に対する考え方（上）」55頁。

※35　より厳密には、社会保障関連の内容については、高等学校においては公民科および家庭科で取り扱うこととなっており、「学習指導要領」および「学習指導要領解説」で「社会保障」の取り扱いに関する解説がある。

※36　これに関して注目すべきは、OECD の純合計社会支出（net total social expenditure）という概念である。社会保障の規模を国際比較する場合、公的な社会支出が比較対象になることが少なくない。しかし公的な社会支出が少ない国の場合、必要なニーズに対応するため、私的部門（家計や企業）が支出を増やさざるを得ない可能性が高くなる。すなわち、負担の仕方は異なっても公私を併せたトータルとしての社会支出負担で捉えた場合、国家間の差異が小さくなるのではないか、ということである。そこで公私双方の負担を統合した（対 GDP 比の）指標として注目されるのが、前述した純合計社会支出である。

第 1 章　高校生を対象にした「新しい社会保障教育」政策　37

　これに関して、内閣府「社会保障・税一体改革の論点に関する研究報告書」に
記載された 2007 年の結果をみると、「高福祉とされてきたスウェーデン（粗公的
社会支出、対 GDP 比 32.1％）とアメリカ（同 17.4％）の差は、［純合計社会支出
でみた場合］僅か 0.3％ポイント（=27.8-27.5）に縮小した」とある。また、同
じ 2007 年の結果で見た場合、日本の純合計社会支出は、実はノルウェーやフィン
ランドのそれより高く、全体としてみても、OECD 平均を超えている。その意味
で、日本の純合計社会支出が低いわけではないことが理解される。ただし、純合
計社会支出は OECD の平均以上であるにもかかわらず、日本の「貧困削減率」（2000
年代半ば）は、最下位のメキシコに次ぐワースト 2 位であり、劣悪な状況であった。
　こうした状況を踏まえ、大沢真理（東京大学教授）は、全体として「使ってい
るお金は少なくないのに、貧困を抑えられていない。つまり、きちんと再配分が
できていない。コストパフォーマンスが悪いということなのです」と評している。
そのうえで大沢は、「歳入を増やして再分配を強化することは、私的負担の減少に
もつながり、必ずしも公私をあわせた家計の純負担の全体を増やすことにはなら
ない」とも指摘している。つまり、公的な社会保障政策の規模とパフォーマンス
の双方における改善が強く求められる、ということである。次を参照。内閣府「社
会保障・税一体改革の論点に関する研究報告書」2011 年 5 月 30 日、15 頁、20 頁。
宮本太郎（編）『弱者 99％社会——日本復興のための生活保障』幻冬舎、2011 年
12 月、154 〜 158 頁。

※ 37　榊原英資『日本をもう一度やり直しませんか』〈日経プレミアシリーズ〉日本経
　　　済新聞出版社、2011 年 4 月、54 〜 57 頁、61 〜 63 頁。

※ 38　同資料集には、次の文章がある。「社会保険は、『給付の権利性が強い』。つま
　　　り、負担（社会保険料）に対する見返りとしての給付を求める権利があるという、
　　　負担と給付の関係性がはっきりしている、という特徴がある。」

※ 39　小川政亮『権利としての社会保障』勁草書房、1964 年 1 月。矢嶋里絵・田中明彦・
　　　石田道彦（他）『人権としての社会保障——人間の尊厳と住み続ける権利』法律文
　　　化社、2013 年 6 月。

※ 40　小川政亮（編著）『人権としての社会保障原則——社会保障憲章と現代』ミネル
　　　ヴァ書房、1985 年 5 月。

※ 41　大阪市生活保護行政問題全国調査団（編）『大阪市の生活保護でいま、なにが起
　　　きているのか——情報公開と集団交渉で行政を変える！』かもがわ出版、2014 年
　　　11 月。大阪市生活保護行政問題調査団「大阪市の生活保護行政の真の適正化を求
　　　める要望書」2014（平成 26）年 5 月 29 日。

※ 42　生活保護問題対策全国会議（他）「利用者数の増加ではなく貧困の拡大が問題で
　　　ある——『生活保護利用者過去最多』に当たっての見解」2011 年 11 月 9 日。

※ 43　同上。なお、不正受給件数が全体に占める割合は、1.44％（平成 19 年）
　　　→ 1.62％（平成 20 年）→ 1.54％（平成 21 年）→ 1.80％（平成 22 年）と推移し、
　　　また、不正受給額が全体に占める割合は、0.35％（平成 19 年）→ 0.39％（平成 20 年）
　　　→ 0.34％（平成 21 年）→ 0.38％（平成 22 年）となっている（平成 24 年 3 月　厚
　　　生労働省社会・援護局関係主管課長会議資料）。その後、辰巳孝太郎議員（日本共
　　　産党）は、生活保護費全体に占める不正受給の割合が 0.5％程度であることを参院

決算委員会（2014 年 4 月 7 日）で発言している。このことからも、不正受給に関する問題は増加傾向にあるといえるが、それでもやはり数字的には限定的な問題だといえる。

※44　神野直彦「『学びの国』スウェーデンの教科書に学ぶ」。次を参照。http://www.shinko-keirin.co.jp/keirinkan/csken/pdf/48.pdf（最終閲覧 2015 年 1 月 26 日）。

※45　同上。

※46　ただし、権丈善一などの「新しい社会保障教育」推進論者にとっては、「あるべき社会保障教育」の前途は多難だ、との認識が強い。その理由は、権丈らが批判する鈴木亘などの年金論者の影響力が、相変わらず根強いことにあるという。次を参照。権丈善一『年金、民主主義、経済学──再分配政策の政治経済学Ⅶ』慶應義塾大学出版会、2016 年 1 月、408 ～ 411 頁。

　　　なお、本章脚注 33 で触れた内閣府経済社会総合研究所のディスカッションペーパー「社会保障を通じた世代別の受益と負担」（2012 年 1 月）の主な執筆者は 4 人であるが、その筆頭筆者は権丈が強く批判する鈴木亘その人である。その意味では、厚生労働省の関係者である武田俊彦が、内閣府経済社会総合研究所の見解を批判したというよりも、権丈派の論者が、鈴木および鈴木派の言説を徹底的に批判している、と評するのが適切であろう。

第2章 平成27年度版高等学校公民科(現代社会)における社会保障の描かれ方

「社会保障の教育推進に関する検討会報告書」との比較

本章の目的

　本章は、前章で叙述した「新しい社会保障教育政策」の今日的動向を掘り下げたものである。その目的は、大きく分けて2つある。

　1つ目は、平成27年4月1日時点における高等学校公民科(現代社会)の全検定済教科書を収集したうえで、当該教科書において、社会保障およびそれに関連する重要項目が、どのように描かれているのか(解説されているのか)を明らかにすることである。

　2つ目は、当該教科書における社会保障の描かれ方を、厚生労働省「社会保障の教育推進に関する検討会」[*1](平成23年10月11日〜平成26年6月23日)が取りまとめた「社会保障の教育推進に関する検討会報告書」(平成26年7月18日)および「同資料集」にみられる描かれ方と比較することである。すなわち、両者にある類似性、差異、もしくは、特定教科書の独自性などについて把握することが、本章の主たる目的となる。

　なぜ、このような課題を設定したのか。そこには、主に2つの理由がある。

　1つ目の理由は、近年の文部科学省検定済教科書(公民・現代社会)において、「社会保障がどのように語られているのか」に関する先行研究が、極めて限定的だからである。[*2]超高齢社会にあるわが国において、社会保障の重要性は明らかに増している。それにもかかわらず、これからの社会を担う若年層に対して、教科書を介してどのような社会保障教育が行われているのかに関しては、必ずしも豊かな先行研究が認められるわけではない。

多くの生徒が、教科書を介して初めて実質的に社会保障について学ぶ可能性が高いことを鑑みた時、教科書分析を通じて「社会保障の描かれ方」（＝教授内容の実態）を把握することの重要性は明白であるといえよう。

　2つ目の理由は、検討会報告書の内容が、教科書の記述に反映されるまでのタイムラグに起因することである。前述した厚生労働省「社会保障の教育推進に関する検討会報告書」では、当該報告書が提示する「社会保障観」を、今後の教科書に反映させるよう、各教科書会社に求めている[3]。より正確には、学習指導要領への反映も目指している[4]。しかし、新しく企画された教科書が生徒の手に届くまでには、約4年もの歳月がかかる[5]。したがって、検討会報告書が提示した「社会保障観」は、新しい教科書が出来上がるまでの過渡期における厚生労働省の社会保障観の表明になる、ということである。

　しかし、そもそも現行の教科書における社会保障に関する記述内容が、仮に報告書が期待するそれと重複する部分が多ければ、報告書の提言は、現行教科書の「単なる追認」という位置づけに留まることになる。しかし、1つ目の理由でも述べたように、そもそも「社会保障教育のありよう」を基軸にした教科書分析の先行研究が限られているため、まずは教科書の実態把握が重要になる。そうした知見を踏まえればこそ、検討会報告書にみられる提言の内容が、単なる現行教科書の追認に留まるのか、それとも、今後の教科書の内容を変容するものになるのか、さらには、仮にそうであるなら、特にどの項目で、どの程度、提言の内容が反映されることになるのか、などを把握することが可能になるからである。

　こうした課題設定の意義を確認したうえで、本章を次の6項目から構成することとした。それらは順に、(1)社会保障教育をとりまく近年の主な出来事、(2)教科書をとりまく現状と、本調査の対象となる出版社および教科書の選定、(3)平成27年度・高等学校公民科（現代社会）の教科書にみられる社会保障に関する主な記述、(4)前述した教科書における記述と、検討会報告書における記述との対比、(5)平成28年度使用高等学校（第1部）教科書編集趣意書から推察される傾向、そして、(6)今後の課題と注目点、であ

第 2 章　平成 27 年度版高等学校公民科（現代社会）における社会保障の描かれ方　41

る。

　なお、本章の要旨は、次のとおりである。すなわち、平成 27 年度・高等学校公民科（現代社会）における特徴としては、（ⅰ）少なくとも、「社会保障」や「社会福祉」などの主要項目における「社会保障の理念」に関する言及は限定的である、（ⅱ）その代わり、同項目およびその類似項目では、社会保障に関する簡単な歴史的経緯、および「わが国は社会保険制度が中心である」という制度論的な記述が多数認められる、（ⅲ）年金制度の持続性には懐疑的な論調の教科書が多くを占める、（ⅳ）いわゆる「世代間格差」に関しては、世代間に（受給額などにおける）極端な格差があることを否定しない教科書が散見されると同時に、社会保険制度内における「制度間格差」の存在を指摘するものも認められる、（ⅴ）以上の調査結果を踏まえ、少なくない現行の教科書の論調は、検討会報告書が目指す教科書のそれとは異なる部分が確認される、（ⅵ）それゆえ、今後の教科書で社会保障がどのように描かれるのか（＝教授されることになるのか）が、より一層注目される、というものである。それでは、前述した項目に沿って論旨を展開する。

1　わが国の社会保障教育をとりまく近年の主な出来事

　文部科学省検定済教科書（公民・現代社会）の具体的な記述内容とその傾向を把握するにあたり、あらかじめ社会保障教育をとりまく、近年の主な経緯を確認する。ここでは、高等学校学習指導要領（平成 21 年 3 月告示）を起点とする。次いで、「社会保障の教育推進に関する検討会報告書——生徒たちが社会保障を正しく理解するために」（平成 26 年 7 月 18 日）、厚生労働省委託事業「地域社会保障教育推進事業」（モデル授業は、平成 24 年 10 月〜平成 25 年 3 月に実施）を紹介し、最後に、全国社会保険労務士会連合会による近年の社会保障教育への取り組みについて簡潔に触れる。

　なお、本章において、高等学校学習指導要領を起点とした論拠の一つは、その数年前の時点では、「社会福祉教育」という表現は一般的でも、「社会保

障教育」という表現は、社会福祉系の大辞典の索引にすら認められなかった[*7]からである。そうした事情もあり、ここでは、社会保障に関する教育を前面に押し出した、前記の高等学校学習指導要領を起点として採用した。

（1）高等学校学習指導要領

　高等学校の教科書は、平成25年度からの新学習指導要領に基づき、特に（後述する）頁数の内容が大きく変化したが、それに先立つ4年前に、高等学校学習指導要領が告示されている。その中でも、本章の基軸となる社会保障教育に関しては、「学習指導要領での『社会保障』等の取り扱い」[*8]において、次のような記述がある。以下に関連箇所を抜粋する（［下線］は筆者による）。

○高等学校学習指導要領（平成21年3月告示）
公民
【高等学校学習指導要領解説　公民編】（現代社会　内容の（2）エ関連抜粋）
　「社会保障」については、疾病や出産、障害、加齢など様々な原因により発生する経済的な不安を取り除くなどして生活の安定を図り、人間として生活が保障される社会保障制度の意義や役割を理解させるとともに、現状と課題などを、医療、介護、年金などの保険制度においてみられる諸課題を通して理解させる。またその際、少子高齢化の進行や、財政との関連、保険料の負担などとの関係について考察させる。

【高等学校学習指導要領解説　公民編】（政治・経済　内容の（2）ア関連抜粋）
　さらに財政活動を行うには原資が必要であることに気付かせ、租税や国債など財源の調達方法やそれぞれの問題点を理解させるとともに、限られた財源をいかに配分すれば国民福祉が向上するかを考察させ、適切な財政運営が重要な課題であることに気付かせる。

【高等学校学習指導要領解説　公民編】（政治・経済　内容の（3）ア関連抜粋）

第 2 章　平成 27 年度版高等学校公民科（現代社会）における社会保障の描かれ方　43

「少子高齢社会と社会保障」については、日本が少子高齢社会を迎え
て、労働力需給や経済成長など国民経済に大きな影響が出ていること、
医療や年金など社会保障費の財政負担の増大も大きな問題となっている
ことなどを、日本の社会保障制度の歩みや特色などに触れながら理解さ
せる。

このような理解のうえに立って、少子高齢社会における社会保障の在
り方について、政府主導による福祉の考え方と、国民の自助努力による
福祉の考え方とを対照させ、真に豊かで福祉社会の実現という視点から
探究させる。

例えば、少子高齢社会に伴う問題点を家族、介護、雇用、年金、医療な
ど様々な面から調べさせ、その解決のための方法について探究させるこ
とが考えられる。また、少子高齢化が進む諸外国の現状と課題などにつ
いて調べさせ、日本のこれからの福祉の在り方について探究させること
なども考えられる。

このように、「学習指導要領での『社会保障』等の取り扱い」では、生存権
や憲法 25 条に直結する社会保障の意義を重要視していることが理解され
る。と同時に、社会保障をとりまく現状の課題に関する教授の必要性を指
摘しつつ、「限られた財源をいかに配分すれば国民福祉が向上するかを考
察させ［……］」という記述が注目される。というのは、このような表現——
特に「限られた財源」という前提条件——を用いることにより、課税対象先
に関する議論が（結果として）表層的なものに留まってしまう可能性がある
からである。

実際、前述した厚生労働省「社会保障の教育推進に関する検討会」報告書
においても、前章で考察したのと同様に、こうした見解の妥当性を見出す
ことができる。それゆえ、「みんなで支える社会保障」という観点から、「み
んなで支える消費税」という論調に合流しやすいのではないか、という見
解が無理なく導かれることになる。

とはいえ、後掲する分析結果にもあるとおり、多くの教科書では「消費

税」→「逆進性が強い」というスタンスが表明されていた。つまり、少なくない教科書では、消費税増税による課税強化策に対して、必ずしも積極的な支持を与えているわけではない、という点については、課税候補先に関する記述内容の程度を論じる前になるが、現時点において確認しておきたい。[*9]

(2) 社会保障の教育推進に関する検討会報告書

　高等学校学習指導要領における「学習指導要領での『社会保障』等の取り扱い」の後、厚生労働省は、高校生を主たる対象とした「社会保障の教育推進に関する検討会」(座長：権丈善一)を設置し(平成23年10月)、厚生労働省政策統括官(社会保障担当)「社会保障の教育推進に関する検討会報告書——生徒たちが社会保障を正しく理解するために」(平成26年7月18日)を取りまとめた。また、同時に「資料編」も公表された。この報告書(以下、必要に応じて「検討会報告書」と表記)および資料編を一読すれば、これからの社会を担う若者たちが、どのような社会保障観を学ぶことになるのか、少なくとも厚生労働省が何を期待しているのか、を推察することが可能となる。

　その詳細は前章に譲るが、具体的には、「社会保障の概念」、「世代間対立論への評価」、「年金制度への評価」において、当該報告書には、次のようなスタンスを見出すことができる。それらは順に、「社会保障の概念」→「みんなで支えるものである[*10]という論調の下、権利性という視点が結果として弱く、保険料の拠出に伴う給付という(対価的な)権利性が強調されている[*11]」、「世代間対立論への評価」→「否定的である」、「年金制度への評価」→「継続した改革は必要だが、現行の賦課方式に致命的な問題があるわけでない。むしろ、誤解に基づく年金制度への不信感が国民のあいだに蔓延している[*12]。[*13]それゆえ、(現行制度への信頼を高めるという意味で、直後でも述べるように)『正しい理解』が必要である[*14]」というものである。さらに、検討会報告書の提言には、「教科書会社への情報提供：現行の教科書に、本検討会の方向性が盛り込まれるよう、教科書会社への情報提供を提言[*15]」すると明記

第2章　平成27年度版高等学校公民科（現代社会）における社会保障の描かれ方　45

されている。よって、同報告書の存在は、今後の教科書作成に相応の影響を
与えることが想定される。

　このように、厚生労働省が推進する社会保障教育政策は、今後の社会保
障教育のありように強い影響を与え得るものであるが、その叩き台となっ
た前記「検討会報告書」の副題には「社会保障を正しく理解するために」と
いう表現がある。また、同報告書内においても「正しい理解」、「正しい事実」
という表現が繰り返し用いられている。これは、報告書の執筆者らをして、
「社会保障に関しては、正しくない現状理解が社会全体に広く流布され、定
着している」と認識させる状況があることを意味する。具体的には、これが
前述した「年金制度への誤解を解消すべき（→『正しい理解』が必要）」とい
う論調に繋がることになる。

　もちろん、そこで問われるべきは、国民の社会保障制度に対する疑心暗
鬼は、「本当に事実誤認に依拠した認識なのか」ということである。これに
関しては、前章で叙述したとおりである。

（3）地域社会保障教育推進事業

　前述したように、厚生労働省「社会保障の教育推進に関する検討会」で
は、これからの社会保障教育のありようが検討されてきた。そして最終的
には、単なる報告書の作成に留まらず、教育現場で活用可能な教材（ワーク
シート等）も多数公表した。そうした教材開発の一翼を担ったのが、全国14
校の高等学校で行われた厚生労働省委託事業「地域社会保障教育推進事業」
（モデル授業）である。[16]

　具体的には、前述した検討会で作成したワークシートの効果検証を含
め、社会保障教育の全国展開に向けた基礎資料を収集する観点から、教育
面で豊富なノウハウを持つ3事業者——株式会社東京リーガルマインド、
株式会社放送映画制作所、全国社会保険労務士会連合会——にモデル授業
の委託が行われた。[17]なお、授業実施期間は（前記のとおり）平成24年10月〜
平成25年3月で、実施高校などの具体的な内容は表2-1のとおりである。

表 2-1　平成 24 年度 地域社会保障教育推進事業　実施報告（実施校一覧：計 14 校）

	学校名	対象学年	充当教科	講義担当	体験学習
（株）東京リーガルマインド	大阪市立大阪ビジネスフロンティア高等学校	2 年	LHR*	社会保険労務士	（訪問）介護福祉施設
	私立明蓬館高等学校	混合	家庭総合他		（訪問）介護福祉施設
	私立ルネサンス高等学校	混合	家庭総合他		（訪問）介護福祉施設
	東京都立竹台高等学校	2 年	政経、LHR		（訪問）介護福祉施設
（株）放送映画制作所	東京都立蒲田高等学校	2 年	現社	教師	（訪問）介護福祉施設
	東京都立足立新田高等学校	3 年	家庭科		（出前）社会福祉士、看護師
	大阪府立茨木西高等学校	3 年	家庭科		（出前）介護福祉士
全国社会保険労務士会連合会	福島県立長沼高等学校	3 年	LHR、総合学習	社会保険労務士	（出前）年金事務所、ハローワーク
	船橋市立船橋高等学校	3 年	課題研究、総合実践		（訪問）年金事務所
	私立日本大学豊山高等学校	1 ～2 年	政治経済、倫理、社会		（出前）年金事務所
	愛知県立佐屋高等学校	3 年	総合学習		（出前）病院
	神戸市立摩耶兵庫高等学校	1 年	総合学習		（訪問）年金事務所
	私立聖カタリナ女子高等学校	3 年	総合学習		（訪問）街角の年金相談センター
	私立福岡舞鶴高等学校	2 年	公民		（訪問）年金事務所

＊ LHR とは「ロング ホームルーム」のことである。
資料：平成 24 年度 地域社会保障教育推進事業 実施報告 資料1
次も参照。http://www.mhlw.go.jp/stf/shingi/2r9852000003186p-att/2r985200000318ax.pdf
（最終閲覧 2015 年 6 月 1 日）。

　なお、委託先の中でも、全国社会保険労務士会連合会は、中学校や高等学校、さらには大学などに、社会保険労務士を講師として派遣する事業を展開してきた相応の実績がある。たとえば、全国社会保険労務士会連合会「地域社会保障教育推進事業について」（平成 24 年 8 月 24 日）には、次のようなデータ（表 2-2）が掲載されている。

第 2 章　平成 27 年度版高等学校公民科（現代社会）における社会保障の描かれ方　47

表 2-2　全国社会保険労務士会連合会における社会保障教育の実績（平成 23 年度）

都道府県数	学校数		生徒数（総計）	内訳
28 都道府県	241 校	高校：196 校	32,015 人	28,084 人
		大学：17 校		1,784 人
		中学：7 校		1,054 人
		その他：21 校		1,093 人

資料：全国社会保険労務士会連合会「地域社会保障教育推進事業について」（平成 24 年 8 月 24 日）、8 頁。次も参照。「地域社会保障教育推進事業 実施報告書」（平成 25 年 3 月 15 日）、全国社会保険労務士会連合会。
http://www.mhlw.go.jp/stf/shingi/2r9852000003186p-att/2r985200000318d8.pdf
（最終閲覧 2015 年 6 月 1 日）。

　このように民間組織の支援を得つつ、厚生労働省は他の関係省庁とも連携する形で、「社会保障と税の一体改革」の方向性に矛盾しない社会保障教育の展開を模索しているのが実情である。[19]実際、社会保険労務士を講師にする際は、「社労士を講師に厚労省作成の教材を活用[20]」となっている。まさに官民協同による社会保障教育の推進である。

　なお、表 2-1 で紹介したモデル授業の実施に際しては、公民（現代社会）や公民（政治・経済）の授業をあてがう以外にも、学習指導要領で社会保障に関する教育項目を含んでいる家庭科の時間を活用した学校が少なくないことが注目される。また、委託先の一つである東京リーガルマインドの場合、体験学習先はすべて介護福祉施設としていたが、他の委託先では、「訪問」と同時に「出前」を行っているなど、その取り組みにはかなりの差異がある。

　そして、ここで得られた経験的知見なども活用する形で、平成 25 年度「地域社会保障教育推進事業における実践例」として、たとえば「社会保障教育授業展開例」がまとめられた。[21]そこに記載された実践例を一読すれば、検討会による教材内容との重複は明白である（例：年金教材『10 個の「10 分間講座」』など）。このように、「高等学校学習指導要領」（平成 21 年 3 月告示）→「社会保障の教育推進に関する検討会」（平成 23 年 10 月〜平成 26 年 6 月）→

「地域社会保障教育推進事業」（モデル授業は、平成24年10月〜平成25年3月）→「社会保障の教育推進に関する検討会報告書」の公表（平成26年7月）など、社会保障の学習のありようを巡っては、ここ5〜10年あまりで急速な展開を認めることができよう。

2　教科書をとりまく状況と本調査の対象となる出版社および教科書

　これまでに、社会保障教育をとりまく近年の主な出来事について概説した。これらの知見を踏まえ、次に「教科書協会と近年の教科書をとりまく状況」および「本調査の対象となる出版社、教科書の選定」を行うこととする。

（1）教科書協会と近年の教科書の特徴

はじめに、教科書協会と近年の教科書の特徴を概説する。

　一般社団法人教科書協会は、その事業目的として「検定教科書の質的向上と教科書の発行及び供給に関する調査研究を行い、もって学校教育の充実発展に寄与し、あわせて出版文化の向上を期する[22]」としている。すなわち、この教科書協会の公表するデータは、わが国の教科書分析を行ううえでの、重要な目安となるものである。なお、正会員は40社（平成27年4月現在）である。

　同協会の分析によると、近年の教科書の特徴としては、ページ数の大幅な増大を指摘することができる。実際、平成23年度から順次実施された現在の教育課程においては、いずれも前教育課程と比較して、教科書のページ数が全教科の平均で、小学校で約34％増、中学校で約23％増、そして高等学校で約13％増と、大幅に増大した[23]とのことである。しかも、高校生の国語、地理歴史、公民、数学、理科、英語などに限定した場合、増加率は約17％にまで増大する[24]（表2-3）。こうした急激な増加は、学力向上を図るために学習指導要領の内容が増えたことなどに起因するもので、過去最大の増加率になる[25]とのことである。

第 2 章　平成 27 年度版高等学校公民科（現代社会）における社会保障の描かれ方　49

表2-3　高等学校における教科書のページ数増加（平成23年度と平成27年度との比較）（単位：頁）

教科	国語	地理歴史	地図	公民	数学	理科
平成 27 年度	349	285	165	236	206	288
平成 23 年度	291	277	160	199	160	239

教科	英語	保健体育	芸術	家庭	情報	総頁数
平成 27 年度	160	186	106	225	186	2,392
平成 23 年度	142	175	95	219	158	2,115

資料：一般社団法人 教科書協会「教科書発行の現状と課題 平成 26 年度」、平成 26 年 7 月 28 日、5 頁［非売品］。http://www.textbook.or.jp/publications/index.html（最終閲覧 2015 年 6 月 1 日）。

　このように、近年の教科書は、全体として大幅な頁数増加傾向にある。その中でも、公民のページ数増加は、他の科目と比較しても多いほうだといえよう。

（2）分析対象となる教科書

　それでは、本章で分析対象となる教科書の選定方法について解説する。

　文部科学省検定済教科書の中でも、高等学校の教科書は、【新】平成25年度からの新学習指導要領に基づく科目、【旧】平成24年度までの旧学習指導要領に基づく科目、に区分することができる。そして、本章で分析対象となる教科書を選定するうえでは、厚生労働省を中心とする国レベルにおける社会保障教育に対する近年の対応を鑑み、新課程用の教科書を選択した。

　次に、一般社団法人教科書協会がまとめた教科別発行教科書の紹介資料[26]を参考に、新課程用の公民（現代社会）の発行社名と教科書の種類を列挙する。それらは順に、東京書籍株式会社（1冊）、実教出版株式会社（2冊）、教育出版株式会社（1冊）、株式会社清水書院（2冊）、株式会社帝国書院（1冊）、株式会社山川出版社（1冊）、数研出版株式会社（2冊）、株式会社第一学習社（2冊）の総計12冊である。

なお、同じ公民でも公民（政治・経済）は、東京書籍株式会社（1冊）、実教出版株式会社（2冊）、株式会社清水書院（2冊）、株式会社山川出版社（1冊）、数研出版株式会社（1冊）、株式会社第一学習社（1冊）、の総計8冊となっている。

　このように、平成27年度の公民の教科書は、公民（現代社会）12冊、公民（政治・経済）8冊となる。ただし、公民（現代社会）を刊行している教科書出版社は、前記のとおり、公民（政治・経済）を刊行している出版社すべてと重複している。同じ出版社から刊行されている教科書の特定項目である社会保障・社会福祉に関する内容が、いかに執筆陣が異なるとはいえ、極端に変わるものでないことは容易に推察されよう。実際、ここでの詳述は控えるが、事実、そのとおりとなっている。そこで今回は、より冊数の多い公民（現代社会）12冊を分析対象とした。なお、公民（倫理）の7冊は、本調査では分析の対象外としている。

(3) 調査項目と情報の抽出方法

　次に、当該教科書における「調査項目」と「情報の抽出方法」について解説する。

　前記のとおり、「社会保障の教育推進に関する検討会報告書」で指摘された3つの重点教育項目——社会保障の理念、社会保障の内容（例：公的年金、医療保険）、社会保障の課題（例：少子高齢社会における社会保障の財源不足）——とも重なるが、本調査では、次の5項目に関する社会保障の描かれ方に注目した。それらは順に、（i）社会保障の理念、（ii）年金制度への信頼度合い、（iii）年齢による区分ではなく、就労者と非就労者による労働力規模に関する見解、（iv）世代間対立に対する考え方、（v）財源に関する見解（→課税候補先の議論へと連動し得る）、である（なお、これら5項目を重要だと判断した論拠としては、たとえば前章を参照されたい）。

　これら5つの項目は、前述した検討会報告書が重要視した3項目をカバーするものでもある。それゆえ、検討会報告書の内容との比較は容易になるといえよう。そして、各教科書における社会保障に関する記述の抽出

は、次の2つの手順を踏まえて行った。

　1つ目は「目次」からの絞り込みである。どの教科書も細かな部分では、多少、表現は異なるものの、その基本構成は、「第○部」→「第○章」→「第○節」→「第○項」→「(時事コラムやQ and A形式による)特定テーマ」となっていた。その中で、記述内容を最も具体的に反映するのは、当然ながら、より細分化された「第○項」と「特定テーマ」となる。そこで、「目次」における当該部分に「社会保障」、「年金」、「世代間格差」、「財源」など、本章におけるキーワードが認められた場合、当該部分の記述を優先的に分析対象として採用した。

　2つ目は、「さくいん」を用いたキーワードの確認である。1つ目の「目次」からの抽出条件に合致しない箇所においても、社会保障に関する記述は、多々認めることができる。一例を挙げれば、社会保障の発展に直結する重要項目である「基本的人権」に関する記述は、後掲する教科書のすべてに掲載されている。

　ただし、そうした記述の大部分は、「自由権的基本権」、「社会権的基本権」、「基本的人権を実現するための権利」、そして「新しい人権」など、本章における直接の分析対象となる「社会保障」、「年金」、「世代間格差」、「財源」などを考察するうえでの前提的知見になるものである。それゆえ、「社会保障」の項目ではなく、たとえば、「日本国憲法」およびその関連項目で、その内容が論じられることが大半であった。

　こうした事情もあり、基本的には「目次」からの抽出方法を優先した。ただし、「さくいん」を活用することにより、内容的に重要だと考えられた記述が認められた箇所も拾うようにした。

3 公民(現代社会)全12冊の要旨と、検討会報告書との比較

(1) 公民 (現代社会) の教科書にみられる主な特徴

具体的な各教科書の文章は、後掲する資料にあるとおりだが、特に注目すべき事項として、あらかじめ次の4点を列挙しておきたい（なお、1つ目と3つ目に関しては、その重要性に鑑み、この段階から、若干の解説を行うこととする）。

第1点として、「社会保障の理念」に関しては、一部の教科書を除いて、あまり強調されていない傾向が認められた。もちろん、「生存権」などの基本的人権に関する部分では、これに通じる記述があるため、その点は誤解のないように指摘しておきたい。しかし、「社会保障」の項目で、「社会保障の理念」およびそれに類する項目を配置しているのは、「高等学校 新現代社会 最新版」(株式会社清水書院)などの一部を除いては、少数派であった。むしろ既述のとおり、当該箇所では社会保障の簡単な歴史的経緯と、わが国の社会保障制度の制度的区分――社会保険、社会福祉、公的扶助、公衆衛生――を指摘するに留まるものが多かった。

言葉を換えて表現すれば、「社会保障とは何なのか」という根本的な問い（＝理念）を直接的に述べるのは多数派とは言い難い、ということである。それどころか、「社会保障の概念」に対する誤解を招きかねない記述が認められる教科書すらあった。その象徴となるのは、「高等学校 新現代社会」(株式会社帝国書院)にある次の解説である。

　　社会保障の制度は、私たち一人ひとりが納める税金や社会保険料によって成り立っている。社会保障の給付を受けるためには、前もって保険料を負担する義務がある (145頁)。

前半の一文に問題はないが、後半の一文は、明らかに誤解を招く表現である。たとえば、社会保障の一翼をなす公的扶助に、前もっての保険料の負

第2章 平成27年度版高等学校公民科（現代社会）における社会保障の描かれ方　53

担などあり得ない。もちろん、この部分は、社会保険制度を意識しての文言であろう。実際、同教科書の同頁に掲載されている「表」では、「公的扶助は、社会福祉、公衆衛生と並んで公費（租税）負担による制度である」という主旨の記述が認められる。とはいえ、文部科学省検定済教科書において、先のような誤解を招きかねない文章が記載されていることは、やはり問題だと評さざるを得ないであろう。というのは、社会保障を、事実上、初めて学ぶ可能性が少なくない高校生にとって、同頁の「表」には異なる解説があるとはいえ、本文中の文章を文字どおり解釈する可能性は、排除できないからである。当然、こうした表現からは「権利としての社会保障」という意識が弱くなることが窺える。いわゆる「拠出に伴う権利性」という社会保障観の浸透である。それは、生活保護への不当なバッシング[27]にもつながる素地を形成するものである。

　第2に、年金制度に対する評価は、総じて懐疑的である、という点である。この点は、大半の教科書に相通じるものである。

　第3は、年齢による区分ではなく、就労者と非就労者という観点から見た労働力規模に関する教科書のスタンスである。前章でも述べたとおり、検討会報告書および資料編では、「1人の高齢者を何人の現役世代で支えるか」という計算方式ではなく、「就業者1人が支える非就業者の人数」に注目し、その値は過去数十年間、実質的に変化していない、という見解を採用している。具体的には、検討会報告書の資料編「高校生が知っておくべき将来の話⑩　これからの社会をどう考えていけばいいのか？」を参照されたいが、そこには、次のような文章がある。

　　「支える人（働いている人）」と「支えられる人（働いていない人）」という視点で見ると、実は昔も将来も、1人を支える人数はそれほど変化があるわけではないことが想定されているのです。

　生産年齢人口は減少していても、高齢者層における就労者の割合が先進諸国の中でも高いわが国においては、実は、全人口に占める就労者の割合

は、それほど大幅に減少するものではない、とする見解は、年金制度への信頼感を育成するうえでは有利に働くことであろう。もちろん、こうした見解の妥当性に関しては、ロボット工学や人工知能の進歩などによる労働力の代替度合いなどの不確定要素に左右されるわけだが、ここで問題になるのは、多くの教科書では、前述した検討会報告書の計算方法を採用しているのか否か、という点である。

　その結果は、経済的な事情から、望むと望まないにかかわらず、生涯現役という価値観を受け入れる素地が増えてきたことが影響したためか、一部の教科書を除いては、年齢による就労区分が強調されているとは言い難い、というものである。しかし、質的にはかなり重複する「社会保障の担い手不足」という観点から、生産年齢人口の減少を危惧する向きは、従来の教科書と同様に根強く認められる。[28]

　第4に、社会保障の財源（確保）に関する記述については、相対的にあいまいな表現に留まっている教科書が多い。社会保障の充実が望ましいとしつつも、少なくない教科書では、国の財政難を指摘したうえで、「それでは、どうすれば良いでしょうか、みんなで考えてみましょう」というスタンスを示している。これは教科書という特性上、理解可能な筆致ではある。とはいえ、社会保障の学習に割ける時間数が、3年間で実質2〜3コマが（これまでの）限度である以上、教員側に相当の力量がなくては、漠然とした改善策の提示に留まる可能性が高いことは、容易に推察されよう。それでは次に、具体的な教科書の文言を紹介する。[29]

（2）各教科書の主な特徴

　前記のとおり、平成27年度・公民（現代社会）の12冊を、（ⅰ）社会保障の理念、（ⅱ）年金制度への信頼、（ⅲ）年齢による区分ではなく、就労者と非就労者という観点からみた労働力規模の捉え方に対する見解、（ⅳ）世代間対立に対する考え方、（ⅴ）財源に関する見解、の5つの観点から、その特徴を表した文章を抽出した。それが資料2-1〜2-12になる。

第 2 章 平成 27 年度版高等学校公民科（現代社会）における社会保障の描かれ方　55

資料 2-1

【出版社名】東京書籍株式会社　【教科書名】現代社会

（ⅰ）社会保障の概念・理念に関する記述

　「第2部　現代の社会と人間」の中に社会保障に関する記述がある。その主旨（136～138頁）は、イギリスのエリザベス救貧法制定（1601年）を起点とする大まかな社会保障形成の歴史、それを踏まえてのわが国における社会保障制度の4つの柱──社会保険、公的扶助、社会福祉、公衆・環境衛生──の指摘、そして年金制度に代表される社会保障制度の今日的課題の紹介、である。こうした記述は、他の教科書にも共通する傾向であるが、「社会保障の理念を語る」というスタンスよりも、前述した4つの柱に象徴されるような、機能別・目的別観点から事実を列挙する、という色合いが強いといえる。

（ⅱ）年金制度への信頼感に関する記述

　「少子高齢社会における世代間格差をどうするか？」という項目（185頁）があり、そこには現行の年金制度に関して、次のような記述がある。「ところが、保険料を支払う現在の世代の人口が減り、年金を受け取る高齢者の数が増えると、保険料負担と給付額にかかわる世代間格差という問題が生じる。厚生労働省の資料によると、年金保険料が所得に占めていた割合などを無視した単純な計算ではあるが、いつ生まれたのかによって、支払った年金保険料の何倍の年金を受け取れるのか、その額が異なることが指摘されている。負担と受益にかかわる公平感が失われれば、年金制度を維持するのは難しい」。この文章には「世代ごとの年金保険料負担額と給付額」──（注）金額は厚生労働省の試算で、国民年金の場合──というタイトルの資料が併せて掲載されており、その格差が数倍近いことを明らかにしている。これは、検討会報告書およびこのデータを作成した厚生労働省それ自身が指向する現行の年金制度への評価や世代間格差論に対するスタンスとは、差異があるといえよう。

（ⅲ）年齢ではなく就労者と非就労者という区分による労働力規模への見解

　この点を前面に押し出した記述は見当たらなかった。

（ⅳ）世代間対立論に関する考え方

　前述した年金制度に対する評価（同教科書185頁）を参照。

（ⅴ）社会保障の財源（確保）に関する見解

　社会保障の財源に直接触れているわけではないが、国の財政状況を鑑み、「財政赤字を減らすには、歳出の削減と増税などが必要になるが、国民に負担を求める改革を進めるには、慎重な議論にもとづく合意形成が欠かせない」（185頁）という記述がある。また、この国民負担に関連しては、間接税である消費税について、「低所得者ほど総所得に対する税負担の割合が高くなり、負担感が大きいという逆進性の問題が発生する」（117頁）と述べ、逆進性の問題を明示している。大企業への負担増や、富裕層に対する優遇措置の是正といった特定政党の見解のような表記は認められないが、それでも貧困層拡大社会における逆進性の問題を指摘した点は、同教科書における執筆陣の価値観の反映といえよう。

資料 2-2

【出版社名】実教出版株式会社　【教科書名】高校現代社会

（ⅰ）社会保障の概念・理念に関する記述

　251〜256頁に「社会保障」に関する記述がある。その要旨は資料2-1で紹介した内容とほぼ同様である。ただし、当該部分に関する一つの特徴として、「ワーキングプアと呼ばれる低所得者層が増大して、貧困がふたたび大きな社会問題となってきた」、「雇用や社会保障を含めた総合的な社会のセーフティネットの再構築が求められている」、「最低所得を保障するため、政府がすべての国民に一律に一定水準の現金給付をおこなうベーシック・インカムなどの政策が注目されるようになった」（以上、すべて256頁）といった記述があり、貧困層拡大社会を意識した執筆陣らによる社会保障への思いが見受けられる。

（ⅱ）年金制度への信頼感に関する記述

　「年金制度の改革」というコラム（257頁）があり、そこには次のような記述がある。「日本の年金制度は［……］給付額が急増して積立金が不足するようになった。そこで、現役世代の保険料をその時の年金給付にあてる賦課方式に移行することとなった。」、「しかし、しだいに積立金不足が生じることとなった。」、「財源問題は依然として解決していない」。これは、検討会報告書にある「積立金に関しては安心して良い[#30]」とする見解とは異なる考えに基づく記述であるといえよう。

（ⅲ）年齢ではなく就労者と非就労者という区分による労働力規模への見解

　これに直結する記述は認められなかったが、年齢や就労者、非就労者という区分ではなく、「雇用の流動化」（245〜246頁）という観点から、労働そのものの変化およびその経済的悪影響に注目している点が特徴的である。実際、同教科書（246頁）には、派遣社員、契約社員、フリーター、ニートなど、高校生の多くが直面するであろう就労の現実を、「このような雇用不安のひろがりが国民の消費支出を抑制し、景気の回復をおくらせる一因ともなっている」と解説している。

（ⅳ）世代間対立論に関する考え方

　これに直結する記述は認められなかった。ただし「格差拡大の影響が、子どもの進学や学歴にも影響を与え、そのことが子どもの世代の格差に結びつくなど、格差が世代をこえて受けつがれることが懸念されている」（231頁）とあるように、「若年層対高齢層」という構図より、「継承される世代間貧困」のほうに注目している。

（ⅴ）社会保障の財源（確保）に関する見解

　社会保障の財源確保に関する直接的かつ具体的な記述は見受けられない。しかし、消費税に関しては「低所得者ほど負担が重くなるという逆進性をもっている」（217頁）という記述がある他、「税や社会保障によって所得を調整した後の再分配所得についても、当初所得ほどではないものの、格差が拡大している。相対的貧困率でみても、14.6%（1997年）、14.9%（2003年）、16.0%（2009年）と、やはり格差が拡大してきていることが分かる」（同231頁）と、貧困層拡大社会であることを認めている。このことから、増大する貧困層に対する間接税の強化策などは適当ではない、という執筆者らの意図を垣間見ることができる。

第 2 章　平成 27 年度版高等学校公民科（現代社会）における社会保障の描かれ方　57

資料 2-3

【出版社名】実教出版株式会社　【教科書名】最新現代社会
（ⅰ）社会保障の概念・理念に関する記述
「第2部　現代の社会と人間」の中に、社会保障に関する記述（156〜158頁）がある。なお、その要旨は資料2-1で紹介したものと同様である。
（ⅱ）年金制度への信頼感に関する記述
「時事ノート」という個別のトピックの中で「年金制度改革」について論じている（159頁）。そこでは、年金制度には社会保険方式と税方式があることを指摘しているが、いずれを選択するかは「社会として判断すべき問題でもある」としている。ただし、現行の年金制度に対する批判は明確で、具体的には次の記述がある。「少子高齢化は、将来の年金受給者の増加と現役労働者の減少をもたらす。そこで、年金給付額をそのままにしておくと、現役世代の負担がしだいに過大になって、年金制度が維持できなくなる可能性がある。とはいえ、年金給付額を減らすことにすると、現役のころに負担した金額より少ない年金しかもらえない世代があらわれることになり、年金制度そのものへの不信感を強めることになる。このため、年金制度の改革が急務とされている」。ここで注目すべきは、「現役のころに負担した金額より少ない年金しかもらえない世代があらわれる」という指摘である。これは検討会報告書が表明している見解とは異なる部分がある。
（ⅲ）年齢ではなく就労者と非就労者という区分による労働力規模への見解
これに直結する記述は認められなかった。ただし、失業対策や労働市場への参加を支援する「積極的労働市場政策」の現状を取り上げ、主要国の中でのわが国の同政策への支出（2011年、対GDP比）が、アメリカに次ぐ低さであることを紹介している（155頁）。その意味では、年齢による区分などの視点ではなく、雇用の安定化そのものへの更なる公的支援が必要だとする執筆陣の意図が見受けられる。
（ⅳ）世代間対立論に関する考え方
前述した年金制度に対する評価（同教科書159頁）を参照。この内容からは、世代間対立が生じやすい、もしくは、生じているとする解釈を追認しているといえよう。
（ⅴ）社会保障の財源（確保）に関する見解
社会保障の財源確保に関する直接的かつ具体的な提言は見当たらない。ただし「国債累積問題」というトピック（135頁）において、国債の累増が生み出す危険性を指摘し、財政改革の必要性を訴えている。そのうえで注目されるのは、「格差社会」というトピック（141頁）において、わが国における所得格差の拡大と、その原因を指摘し、「いまや、格差から貧困へと、問題の性質がかわりつつある」、「格差・貧困問題のとらえ方にさまざまな立場があるにしても、必要な社会保障政策の充実や、労働における均衡処遇をできるだけ進め［……］」といった記述が認められる点である。間接的ではあるが、拡大する低所得者層に対する更なる課税負担に対しては、消極的であると解釈可能な見解が見受けられる。

資料 2-4

【出版社名】教育出版株式会社　【教科書名】最新　現代社会

（ⅰ）社会保障の概念・理念に関する記述

「社会保障と社会福祉」という項目（118〜119頁）がある。その要旨は、資料2-1で紹介したものと同様である。なお、これに関連しては、「近年、日本では高齢化が進み、医療費や年金に対する政府の財政負担が見過ごせない大きさとなり、同時に若年者が不公平感を募らせるようになった。そこで1980年代からは個人の自助努力も求められ、医療費でも患者自身が負担する割合が増し、年金の支給方式の転換も検討されている」（119頁）という記述があり、社会保障における自助努力の増大を紹介している点が注目される。

（ⅱ）年金制度への信頼感に関する記述

少子高齢社会という現実を踏まえ、「人口割合の低い若者が中心となる現役世代が、増え続ける高齢者世代の年金支給を支えなくてはならない」（119頁）としたうえで、改革の必要性を指摘している。

（ⅲ）年齢ではなく就労者と非就労者という区分による労働力規模への見解

これに関連しては、「年金や医療などの社会保障を必要とする老年人口が増加し、それを支える労働力人口の中心となる生産年齢人口が減少するのも将来にわたる問題である」（同23頁）という記述がある。そして、「老年人口」（65歳以上）、「生産年齢人口」（15〜64歳）、「年少人口」（0〜14歳）と区分したうえで、その区分における労働力人口の推移を示した図を掲載している（同22頁）。こうした説明文および図を見れば、検討会報告書が示すような年齢による区分ではない、就労者と非就労者という区分による労働力規模の捉え方とは異なるスタンスが見受けられる。

（ⅳ）世代間対立論に関する考え方

世代間対立を前面に押し出す論調は見当たらない。むしろ、「したがって私たちは、経済成長を目ざすだけではなく、少子高齢化や人口減少を見すえ、世代をこえた人々との連携や新たな経済社会のあり方を創造し、幸福を感じられる社会をつくる必要にせまられている」（23頁）のように、世代間の融和を説く論調が見受けられる。なお、「世代間の対立」や「世代間衡平」（171〜172頁）という用語の解説があるが、それらは地球温暖化など、自然環境の悪化に関する文脈の中で用いられている。

（ⅴ）社会保障の財源（確保）に関する見解

「社会福祉の充実とそれに伴う国民負担のバランスは、これからの日本社会が直面する課題である」（119頁）という記述があるように、国民負担の増大は指摘されているが、その財源に関する具体的な記述があるとは言えない。なお、前掲の教科書では「消費税は逆心的」との記載が目立ったが、この教科書では「さくいん」の中にすら「消費税」という用語が含まれていない。この点は、本教科書の一つの特徴である。なお、淡々とではあるが、「大きな政府」から「小さな政府」への移行が解説されている（105頁）ことから、政府の役割縮小（→社会保障費抑制による財源圧縮）という認識を読後に有する可能性が考えられる。

第 2 章　平成 27 年度版高等学校公民科（現代社会）における社会保障の描かれ方　59

資料 2-5

【出版社名】株式会社清水書院　**【教科書名】**高等学校　現代社会　最新版

（ⅰ）社会保障の概念・理念に関する記述

「社会保障制度の役割と課題」という項目（120〜121頁）がある。その要旨は、資料2-1で紹介したものと同様である。なお、「だれもが安心して生活できる社会を福祉社会という。この社会の実現に社会保障制度が不可欠であることはいうまでもない。しかし、社会保障制度だけでは、真の福祉社会の実現には程遠い」（121頁）という記述がある。「福祉社会」という用語の解釈は、識者によって幅があるのが実情であることから[31]、こうした表記には、ある程度の留意が必要であろう。

（ⅱ）年金制度への信頼感に関する記述

「また、財政支出を削減するため、老齢年金の支給開始年齢を60歳から65歳に段階的に引きあげる改革もおこなわれている。安心できる年金制度の構築は急務の課題である」（121頁）という一文がある。このことから、現行制度に対する批判的スタンスが読み取れる。

（ⅲ）年齢ではなく就労者と非就労者という区分による労働力規模への見解

これに直結する記述は認められなかった。ただし、年齢や就労者、非就労者という区分ではなく、「いま、どんな労働問題があるのだろう？」（122〜123頁）という観点から、過労死、テクノストレス、サービス残業など、今日の就労下における負の側面を指摘している点に特徴がある。また、成果主義や裁量労働制（みなし労働時間制）の導入など、全体的には、今日の就労形態が生み出す課題を重視した論調となっている。

（ⅳ）世代間対立論に関する考え方

第3編の1つに「財政から考える現役世代と将来世代」（182〜185頁）という項目がある。同第3編は3つのテーマから構成され、その中から一つを選ぶ選択学習方式となっている。そのうえで、前述の項目を見ると、「現役世代と将来世代で、公債残高をどのように負担していけばよいのだろうか。国民の負担率を上げ、公債残高を下げていかなければならないのは明白である。では、どのように負担すればよいのだろうか。」（182頁）との記述がある。そして次頁には、「世代ごとの生涯をつうじた受益と負担」の図が掲載されており、世代間に大きな損得が生じている状況が示されている。その反面、様々な批判のある国民負担率[32]のデータを紹介する形で、日本の国民は低負担であるとする印象を読者に与える展開になっている。こうした情報の後、「公債残高の負担をだれがするべきか」というテーマで小論文を書いてみよう、という問い（184頁）が設けられている。そこには「唯一の正解というものはありません」との但し書きがあるが、それまでの流れを踏まえれば、世代間の受益差は大きいものの、消費税増税を含め、国民全体で負担をするしかない、という論調に合流し易くなることが推察される。

（ⅴ）社会保障の財源（確保）に関する見解

これに関しては、上記の内容に重複する。ただし、カウンターバランス的に記しておくと、消費税に関しては、その逆進性を説明している箇所（114頁）もある。

資料 2-6

【出版社名】株式会社清水書院　**【教科書名】**高等学校　新現代社会　最新版

（ⅰ）社会保障の概念・理念に関する記述

　前掲までの教科書とは異なり、社会保障の理念を明確に論じている。具体的には、次のような記述がある。社会保障の理念「人はだれもが人間らしく生きる権利がある（生存権）。しかし世のなかには、体が不自由であるとか高齢や子どもであるなどの理由でだれかの助けが必要な人、失業や病気などで経済的に困っている人もいる。そんな時に不自由な思いをしないように、社会全体で手を差しのべていくしくみが社会保障の考え方である」（204頁）。もちろん他の教科書でも、「生存権」や日本国憲法などの部分で、これに通じる記述は見受けられるが、「社会保障」の項目で、このように理念をテーマとして配置している教科書は少数派である。

（ⅱ）年金制度への信頼感に関する記述

　年金に関して、次のような記述がある。「そこで支給開始年齢の引き上げや、保険料の引き上げが行われてきた。しかしこうした措置は、若い世代には負担増と給付減を、高齢者には老後の生活設計の狂いを招く。また年金制度は、夫は一つの会社で定年まで働き、妻は専業主婦という世帯を基本単位としてつくられてきた。このため、転職・夫婦共働き・離婚・フリーターというライフスタイルの多様性にうまく対応できていない。制度間の格差も指摘されている。このような『世代間の不公平』と『世帯間の不公平』が、給付水準の低下とあいまって年金制度への不信感を生み、制度が空洞化するという悪循環を招いている」（208頁）。このように、現行制度に対する批判的論調は明確である。

（ⅲ）年齢ではなく就労者と非就労者という区分による労働力規模への見解

　これに関する直接的な記述ではないものの、「現代日本の労働問題」（200頁）や「変化する雇用と労働」（201～202頁）という項目で、世代を問わず、低賃金・不安定就労者が増大している現実を指摘している。また、若年層が抱える困難に関する問題として、若年層の失業率の推移、若者の社会的排除、教育機会に恵まれない若者などに関する記述（44～45頁）も少なくない。

（ⅳ）世代間対立論に関する考え方

　これに関しては、前掲した年金に関する記述からも明らかなように、「若年層 対 高齢層」という世代間対立に留まらず、社会保険制度間における制度間格差など、「その他の対立（格差）」にも目が向けられている。

（ⅴ）社会保障の財源（確保）に関する見解

　他の教科書と同様に、この教科書でも深刻な財政赤字と公債の発行、そして財政再建の必要性などを指摘している（179～180頁）。そのうえで、「どのような国家や政府、そして財政のあり方や税制をのぞむかは、主権者であり、納税者（タックス－ペイヤー）でもある私たちの選択にかかっている」（180頁）と述べている。とはいえ、財源確保を論じる際の具体的な課税方法や課税対象先に関する提起はない。しかし、これも他の多くの教科書同様、消費税の逆進性に関する解説はなされており（179頁）、低所得者層への配慮はなされるべきとの執筆者らの意図は読み取ることができる。

第 2 章　平成 27 年度版高等学校公民科（現代社会）における社会保障の描かれ方　61

資料 2-7

【出版社名】株式会社帝国書院　【教科書名】高等学校　新現代社会
（ⅰ）社会保障の概念・理念に関する記述
わが国の社会保障制度の基礎的特徴を概説しつつ（144〜145頁）、人権に関する部分（60〜71頁）で、社会保障制度の意義を（結果として）述べている。しかし、本文中でも触れたように、この教科書には、「社会保障の制度は、私たち一人ひとりが納める税金や社会保険料によって成り立っている。社会保障の給付を受けるためには、前もって保険料を負担する義務がある」（145頁）という問題のある記述が認められる。後半の一文は、明らかに誤解を招く表現であるといえよう。
（ⅱ）年金制度への信頼感に関する記述
年金制度に関するこの教科書の記述は、多角的な観点を生徒らに意識させる工夫がなされている。具体的には「どのような年金制度が望ましいか」（同146〜147頁）という項目において、年金制度をとりまく「論点整理」をしたうえで、若年層からみた年金制度への印象（→世代間の格差が大きく不公平である）を紹介し、次いで高齢者の立場（→日本経済を支えてきたのは我々である）で考えさせ、最終的に「公正な年金制度はあるのか」との疑問を提示し、多角的な観点から考えさせる構成になっている。
（ⅲ）年齢ではなく就労者と非就労者という区分による労働力規模への見解
これに関する直接的な記述ではないものの、「労働者の権利と労働問題」（138〜143頁）という項目で、世代を問わない労働問題を取り上げている。その中でも、非正規雇用の拡大に伴う労働組合組織率の著しい低下（139頁）を指摘している点が注目される。
（ⅳ）世代間対立論に関する考え方
前述した年金に関する部分では、「増える年金給付費と大きな世代間格差」（146頁）という図を掲載し、世代間格差それ自体の存在は否定していない。そのうえで、高齢者の見解を意識させ、「年金制度を通して、世代間の公平性について考えてみよう」（147頁）との記述がある。世代間対立論を踏まえつつ、そこに留まらせない工夫がみられる。
（ⅴ）社会保障の財源（確保）に関する見解
社会保障の財源確保という論調ではなく、わが国の深刻な財政状況を公債残高の推移を示す図などによって視覚的に訴えている（126〜127頁）点が、他の多くの教科書と共通する部分である。そのうえで、「現在、国債の多くは国内の金融機関が所有しているが、これは預金などの家計の資産がもとになっており、国が借金を返さなければ最終的に家計にツケがまわる。抜本的な財政再建が功を奏さないかぎり、将来の世代には大きな負担が待っている。」（127頁）と指摘し、「日本国民には納税の義務がある。したがって、納税者として［……］どのような税制が効率的で公平かを考えていく必要がある」（127頁）と述べ、他の教科書と同様に、具体的な課税候補先の提示はなく、一般的な論調に留まっている。

62

資料 2-8

【出版社名】株式会社山川出版社　【教科書名】現代社会

（ⅰ）社会保障の概念・理念に関する記述

　　その要旨は資料2-1で紹介したものと同様であるが、関連記述として、次の文章がある。「社会には、保有する資産の規模や所有権などの初期条件の違い、病気や災害、その他により、さまざまな不平等がある。これらはたとえ市場が効率的に機能したとしても解消されない。こうした問題に対応するには政府の社会保障政策や個人の寄付など、所得の再分配、機会の平等化が必要になる」（77頁）。ただし、わが国の再分配機能が限定的なことは周知のことである[33]。

（ⅱ）年金制度への信頼感に関する記述

　　次のような記述がある。「現行の年金制度はさまざまな問題に直面している。低所得者の増加による国民年金の保険料の納付率の低下、少子高齢化の進行で若い世代になるほど将来の給付が少なくなる世代間不公平、従来の社会保険庁による年金管理の杜撰さ（『消えた年金』問題）などである」（101頁）。このように、現行制度に対する懐疑的な論調が認められる。

（ⅲ）年齢ではなく就労者と非就労者という区分による労働力規模への見解

　　生産年齢人口の減少と老年人口の増大という観点から、現役世代の負担増を指摘する教科書は、前掲のとおり認められる。しかし、この山川出版社による教科書では、イラストを用いる形で、高齢者一人を支える生産年齢人口の激減を視覚的に訴えている（101頁）。これは同出版社による2002年の教科書（公民：現代社会）でも同様であった[34]。このように、就労者と非就労者という区分ではなく、（生産年齢人口という）年齢による区分を積極的に採用している点は、検討会報告書が展開する主張とは異なるものである。

（ⅳ）世代間対立論に関する考え方

　　これに関しては、直接的な表現というよりも、上記のような視覚的な資料を提示する形で、結果として若年層に対する危機意識を喚起しているといえよう。

（ⅴ）社会保障の財源（確保）に関する見解

　　他の教科書と同様に、この教科書でも深刻な財政赤字と公債の発行、そして財政再建の必要性などを指摘している（80〜81頁）。そのうえで、「今後の日本が大きな政府と小さな政府のどちらに至るかは国民がどの水準の社会福祉を国に求めるかにも関わるが、政府規模に見合った税負担が必要になることを理解する必要がある」（81頁）と述べている。とはいえ、数多くの優遇措置のある大企業に対する課税強化や分離課税制度、富裕層に有利に働く課税体系の是正など、財源確保となる具体的な課税方法に関する提起はない。しかし、これも他の多くの教科書同様、消費税の逆進性に関する解説はなされており（81頁）、低所得者層への配慮はなされるべきであるとの執筆者らの意図は読み取ることができる。

第 2 章 平成 27 年度版高等学校公民科（現代社会）における社会保障の描かれ方 63

資料 2-9

【出版社名】数研出版株式会社 【教科書名】現代社会

（ⅰ）社会保障の概念・理念に関する記述

　その要旨は資料2-1で紹介したものと同様である。欧米における社会保障制度のあゆみを踏まえ、わが国の社会保障制度のあゆみ、そして制度のしくみに関する解説がなされている（279～285頁）。また、理念そのものの記述というよりは、これも他の教科書同様、基本的に「人権」に関する項目部分で、社会保障の意義を間接的に表記する形になっている。

（ⅱ）年金制度への信頼感に関する記述

　年金制度に関しては、次の文章がある。「社会保険においては、自己負担の増大や年金支給年齢の引き上げ、支給額の抑制など、見直しが相次いでいる。しかし、個人負担の増大は、社会保険への未加入、保険料の未納・遅滞、それにともなう保険サービスの停止など、国民皆保険・国民皆年金の空洞化から制度破綻につながる悪循環に陥る恐れがある」（285頁）。このように、年金制度を含む社会保険制度全般に対する評価は、非常に厳しいといえよう。

（ⅲ）年齢ではなく就労者と非就労者という区分による労働力規模への見解

　これに関する直接的な記述ではないが、「雇用問題と労働関係の改善」（271～278頁）という項目で、労働問題を大枠として取り上げている。その際、読者となる高校生を意識して、「サービス残業問題や名ばかり管理職、長時間の過密労働による過労死問題は、国際的な注目を浴びる日本特有の労働問題となっている。NEETやワーキング・プア、ネットカフェ難民、格差社会についても、考えていかなければならない問題である」（278頁）という現代社会における労働問題を直視した言説を掲載している点が注目される。

（ⅳ）世代間対立論に関する考え方

　直後に解説があるように、「世代間対立」というよりも、「世代間の公正」という観点から、今後の社会保障を考えさせる執筆陣の意図が見受けられる。実際、「持続可能な福祉国家を目指して」（310頁）でも、同じような価値指向性が認められる。

（ⅴ）社会保障の財源（確保）に関する見解

　これに関しては、次のような記述がある。「税制度を含めた行財政改革の必要性が強調され、税収確保と歳出削減をどう組み直して改革を行うのかが焦点となっている。この改革のポイントは、負担の水平的公平と垂直的公平をどのようにはかっていくのかということである。ただ、高所得者と低所得者の公平な負担のあり方を求めると同時に、その高所得者と低所得者からなる現役世代と将来世代の負担のあり方（世代間の公平）とのバランスを考えることも重要である」（234頁）。この記述は、ここで取り上げている教科書の中でも、かなり踏み込んだ表現であるといえよう。なお、他の多くの教科書と同様に、景気の影響を受けにくく、安定した税収を確保できるという利点を認めつつも、消費税の逆進性に関する解説はなされており（233頁）、低所得者層への配慮はなされるべきとの執筆者らの意図は読み取ることができる。

64

資料 2-10

【出版社名】数研出版株式会社　【教科書名】高等学校　現代社会

（ⅰ）社会保障の概念・理念に関する記述

　　その要旨は資料2-1で紹介したものと同様である。具体的には、「社会保障と福祉の
あゆみ」と「社会保障制度の仕組み」（164～167頁）という項目において、社会保障
の歴史と仕組みが概説されている。

（ⅱ）年金制度への信頼感に関する記述

　　これに関しては、後述する「世代間対立に関する記述」の部分を参照されたい。そ
こからは、年金制度を含めた社会保障制度全体に対する同教科書のスタンスが見出せる。

（ⅲ）年齢ではなく就労者と非就労者という区分による労働力規模への見解

　　年齢による区分というよりも、他の教科書と同様に、「現代の労働問題」（162～163頁）
などの項目で、ニート、フリーター、ワーキング・プアなど、若年層にとって現実的
な就労問題が指摘されている。

（ⅳ）世代間対立論に関する考え方

　　「世代間対立」よりも「世代間の公正」の観点から、「持続可能な福祉社会をめざして」
という項目において、この問題を取り上げる。他の教科書では、「それでは、
どのような税制や社会保障制度が良いか考えてみましょう」と、ややもすれば、自由
な議論の名の下に、教員や生徒への「問題の丸投げ」になる危険性がある中で、高校
生はもちろん、教員ですら陥りがちな「思い込み」を是正する解説まで記載されている。
これは他の教科書よりも、かなり踏み込んだ内容であり、結果、より踏み込んだ議論
を促すことに繋がるものと考えられる。その文章とは、次のとおりである。
　　「たとえば、国内総生産（GDP）における社会的支出の割合を見ると、スウェーデン、
デンマークなど欧州諸国は高く、アメリカや日本は欧州諸国と比べると低い。アメリ
カのような『小さな政府』だけが必ずしも高い経済成長を実現するとは限らず、『大き
な政府』の典型であるデンマークも高い経済成長を達成している。
　　また、国民の間の格差に関しては、所得格差の指標であるジニ係数を見ると、アメ
リカは格差の大きな社会であるが、スウェーデンは格差を抑え込んでいることがわかる。
一方、日本は、先進諸国の平均を上回って格差が拡大しており、さらに貧困率も高くなって
いる。
　　『大きな政府』になれば通常、財政赤字に陥り、持続可能な福祉制度を維持できない
と考えるだろう。しかし、『大きな政府』であってもスウェーデンの財政は黒字である。
他方、『小さな政府』を重視している日本は、約800兆円の財政赤字を抱えており、現
在の国家予算の収支を考えれば、持続可能な福祉制度を維持できないことは明白である。
財政赤字は将来世代への負担である。」（194頁）。

（ⅴ）社会保障の財源（確保）に関する見解

　　他の多くの教科書と同様に、景気の影響を受けにくく、安定した税収を確保できる
という利点を認めつつも、消費税の逆進性に関する解説はなされており（139頁）、低
所得者層への配慮はなされるべきとの執筆者らの意図は読み取ることができる。

第 2 章 平成 27 年度版高等学校公民科（現代社会）における社会保障の描かれ方　65

資料 2-11

【出版社名】株式会社第一学習社　【教科書名】高等学校　現代社会

（ⅰ）社会保障の概念・理念に関する記述

　その要旨は資料2-1で紹介したものと同様である。具体的には、「社会保障と国民福祉」（197〜200頁）の中で、社会保障の歴史と仕組みが概説されている。

（ⅱ）年金制度への信頼感に関する記述

　年金制度に関しては、大きく分けて積立方式と賦課方式の2つがあるとしたうえで、「積立方式はインフレーションに弱く、賦課方式は高齢化により現役世代の負担が重くなるという欠点がある」（199頁）との解説がなされている。そのうえで、「国民年金の未納・未加入の増加や年金記録の消失など、年金制度をゆるがす問題も起こっている」（200頁）など、全体的に問題点の指摘に多くが割かれている。

（ⅲ）年齢ではなく就労者と非就労者という区分による労働力規模への見解

　年齢による区分というよりも、他の教科書と同様に、「今日の労働問題」（190頁）という項目で、非正規雇用をめぐる問題に焦点を当てるなど、若年層にとって現実的な就労問題が概説されている。同様の論調は、「雇用と労働問題」（185〜189頁）の中でも見受けられる。

（ⅳ）世代間対立論に関する考え方

　「世代間対立」に直接的な焦点が当てられているわけではない。むしろ「世代間」という言葉は、「現在の基礎年金制度では、世代間扶養の考え方にもとづく賦課方式がとられている」（199頁）という文脈、すなわち、対立とは異なる意味合いで用いられている。

（ⅴ）社会保障の財源（確保）に関する見解

　他の教科書と同様に、この教科書でも深刻な財政赤字と公債の発行、そして財政再建の必要性などが指摘されている（164頁）。そのうえで、「税と社会」（256〜257頁）という項目で「だれから、いくら徴収するのか」について考えよう、という提言がなされている。そこでは、所得税の最高税率の変遷を踏まえ、また、給与明細書を一つの分析資料として掲載するなど、累進課税について考えさせる内容となっている。このような資料からは、個人レベルでの富める者と、そうでない者への課税のありようがどうあるべきかを考えさせる内容になっていることが理解される。言い換えれば、課税対象先としての法人税などの観点は、結果として軽視されている、ということである。なお、これも他の多くの教科書と同様に、消費税の逆進性に関する解説はなされており（163頁）、低所得者層への配慮はなされるべきとの執筆者らの意図は読み取ることができる。

資料 2-12

【出版社名】株式会社第一学習社　【教科書名】高等学校　新現代社会

（ⅰ）社会保障の概念・理念に関する記述

　その要旨は資料2-1で紹介したものと同様である。具体的には、「社会保障と福祉社会」（130～133頁）の中で、社会保障の歴史と仕組みが概説されている。

（ⅱ）年金制度への信頼感に関する記述

　年金制度を含めた社会保険制度全体に対する問題点の提起がなされている点が注目される。具体的には「各種の社会保険制度の間に、保険料や給付額などで格差が見られ」、「社会的公正の立場から、年金や医療などの社会保険の効率的な運用と平等化をはかるために、年金一元化を含めた抜本的な改革が必要だとする意見もある」（132頁）といった記述がある。このように、年金制度を含めた社会保険制度に対する評価は厳しいといえるが、そのうえでさらに「社会保険にくらべて、社会福祉サービスなどが立ち遅れている」（同頁）との記述もあり、社会福祉に対する評価は、より厳しくなっている。

（ⅲ）年齢ではなく就労者と非就労者という区分による労働力規模への見解

　年齢による区分というよりも、他の教科書と同様に、「雇用と労働問題」（122～123頁）という項目の中で、非正規雇用をめぐる問題に焦点を当てるなど、若年層にとって現実的な就労問題が指摘されている。また、前掲した「高等学校　新現代社会」（株式会社帝国書院）と同様に、非正規雇用の拡大に伴う労働組合組織率の著しい低下（122頁）を掲載している点が注目される。

（ⅳ）世代間対立論に関する考え方

　世代間対立を直接的に論じるような項目はないが、「少子高齢化が進行すると、現役世代の減少により経済は停滞し、現役世代の高齢者への扶養負担が増大すると考える人も少なくない」（133頁）という表現に象徴されるように、少子高齢化を介した世代間対立という見解を示している。そのうえで、「人口減少社会を乗りこえるためには」という項目（同頁）が配置され、3つの基本的条件が提示されている。

（ⅴ）社会保障の財源（確保）に関する見解

　「社会保障と消費税」（166～167頁）という項目がある。そこでは、わが国の財政状況が危機的であることが指摘され、ゆえに消費税増税が求められていること、その一方で、逆進性の観点から反対意見があることも述べられている。そのうえで、「かおり」という架空の女子学生による次の言葉で、当該項目はまとめられている。それは「かおりは、あらゆる人々の生活が持続的に発展していけるよう、社会の利益を促進しながら、個人の利益も守っていける方策を議論していく必要があると思った」（167頁）というものである。なお、前掲した教科書と同様、課税対象先としての法人税などの観点は、結果として軽視されているといえよう。

第 2 章　平成 27 年度版高等学校公民科（現代社会）における社会保障の描かれ方　67

このように各教科書には、幾つもの共通性のある論調（例：年金制度への不安感、消費税の逆進性に対する認識、国の財政状況の劣悪さ）が認められるものの、各教科書によって独自色が顕著な箇所もある。たとえば、「高等学校　現代社会」（数研出版株式会社）にある「アメリカのような『小さな政府』だけが必ずしも高い経済成長を実現するとは限らず、『大きな政府』の典型であるデンマークも高い経済成長を達成している」のように、高校生が陥りがちな「大きな政府→効率が悪いのではないか→経済成長が阻害されているのではないか→しかも重税国家だ」などという思い込みを是正する解説がなされている教科書もある。要するに、「大きな政府と小さな政府は、どちらが良いでしょうか？　みんなで考えてみましょう」というスタンスに留まる教科書もあれば、そこから更に踏み込んだ情報を掲載する教科書もある、ということである。

　社会保障をとりまく本質的な課題に対して、ややもすれば、自由な議論の名の下に、教師と生徒へ課題を「丸投げ」し、結果、議論が表層的になる可能性がある中で、「淡々と事実（データ）を紹介することで、結果として事実（データ）に語らせる」という、ある種、学術書的なワンクッションを提供している教科書も存在するのである。当然、そのワンクッションがあることで、「なぜ、福祉国家と呼称される大きな政府で、高税率なのに高成長が達成されるのであろうか？」という、より高い次元の疑問を抱く生徒も出てくるだろう。とはいえ、こうした特徴を有する教科書は少数派である。

（3）社会保障の教育推進に関する検討会報告書との対比

　それでは、このような平成 27 年度の教科書の特徴は、検討会報告書の内容と比較して、どのような立ち位置にあるといえるのであろうか。検討会報告書の特徴に関しては、前章に譲るが、両者にある類似性、差異などは、およそ次のようにまとめることができる。

　それらは順に、（ⅰ）公民（現代社会）の教科書では、「社会保障の理念」に関する直接的な言及は少なく、社会保障に関する簡単な歴史的経緯と、「わが国は社会保険制度が中心である」という制度論的記述が多くを占めてい

る。これに対して、検討会報告書では、その重点教育事項に「社会保障の理念」が配置されており、従来の教科書以上に、理念面が強調されている（第1章参照）。ただし、そこにあるのは、拠出に付随する給付という観点を強調した、結果として「（国家に対する国民の）権利性が軽視された」社会保障観である、（ⅱ）年金制度への信頼性に関しては、多くの教科書では懐疑的な論調が多い。これに対して検討会報告書では、さまざまな改革の必要性を認めつつも、積立金の適正な運用、保険料の払い損ならぬ「税金の払い損」などの観点から、年金制度に対する信頼感の育成に基軸が置かれている、（ⅲ）少なくない教科書で、年金（の拠出と給付）に代表される社会保険制度の世代間格差は問題だ、とするスタンスが認められる。さらに、各種の社会保険制度における制度間格差の問題も、少なからず指摘されている。これに対して検討会報告書は、こうした世代間格差・対立論（とりわけ年金の世代間格差論に関して）は、必ずしも現状を的確に反映した見解ではない、というスタンスである、（ⅳ）とはいえ、大半の教科書と検討会報告書の間にも類似性はあり、たとえば両者ともに、国の財源難を強調している。しかし、課税対象先に関する積極的な提示があるとは言い難い、（ⅴ）前記のとおり、他の各論的な部分での差異は明らかである。これにより、現行の教科書の論調は、検討会報告書が目指す教科書内容とは「異なる部分が少なくないことが確認された」というものである。それゆえ、今後の教科書で「社会保障がどのように描かれるのか」が、より一層、注目されるといえよう。

　以上の知見を踏まえたならば、検討会報告書の内容に沿うような「新しい教科書」が採択されるまでの間は、社会保障を教授する際には、教科書の論調と異なっていても、検討会報告書の言説を優先的に採用する、という教員が出てくる可能性が想定される。実際、現役教員が活用しやすいよう、厚生労働省のサイトには、社会保障教育に関するさまざまな教材が、検討会報告書や資料集と併せて紹介されているため、先の可能性は低くはないといえよう。

第2章　平成27年度版高等学校公民科（現代社会）における社会保障の描かれ方　69

4　平成28年度使用高等学校教科書編集趣意書から窺える特徴

　このように社会保障に関する記述に特化した場合、その類似性よりも、少なからぬ差異が認められる現行の教科書と検討会報告書との内容であるが、それでは、これからの教科書の内容は、検討会報告書の見解に沿う方向で改変されるのであろうか。この点は、今後の継続的フォローを通じてのみ確認可能である。ただし、平成28年度使用高等学校（第1部）教科書編集趣意書「公民（政治・経済）編」を一読すれば[36]、ここで取り上げた公民（現代社会）ではないものの、内容的に重複する公民（政治・経済）の教科書に、社会保障の教授に関する将来的な傾向を見出すことができる。それは、公民の授業の中で、社会保障に割かれる時間は増大する可能性が高い、ということである。これは当然、その増大された学習時間の中で、どのような社会保障観が教授されるのかの重要性が、より高まることを意味する。

　これに関連して、平成28年度使用高等学校（第1部）教科書編集趣意書「公民（政治・経済）編」には、8冊の教科書に関する情報が掲載されている。その中で、実教出版株式会社が刊行する2冊の教科書「高校政治・経済」（代表著者／宮本憲一）と、「最新政治・経済」（代表著者／伊東光晴）については、頁数と配分時間が記載されている。その詳細は、次頁（表2-4、表2-5）のとおりである。

　ここで取り上げた2冊の教科書に関する表の中で、＊印を付した社会保障、社会福祉に直接関係する内容は、教科書全体に占める頁数、および予定配分時間の観点からみて、明らかに他の学習内容よりも多くなっている。同様の傾向は、数研出版株式会社から刊行予定（当時）の「政治・経済」（代表著作者／岩田一政）にも当てはまる。実際、同教科書の「第2部　現代の経済　第1章・第3節『日本経済と福祉の向上』」は、全体の授業時間である70時間のうちの11時間[37]と、他のどの項目よりも多くの時間を割いている。

表 2-4 「高校政治・経済」(代表著者／宮本憲一) の構成

編・章	頁数	授業時間数
第 1 編　現代の政治		
第 1 章　民主主義の基本原理	16	4
第 2 章　日本国憲法の基本的性格	32	10
第 3 章　日本の政治機構	21	8
第 4 章　現代日本の政治	9	2
第 5 章　現代の国際政治	21	6
第 2 編　現代の経済		
第 1 章　経済社会の変容	9	2
第 2 章　現代経済のしくみ	27	8
第 3 章　現代経済と福祉の向上*	38	14
第 4 章　世界経済と日本	27	6
第 3 編　現代社会の諸課題	20	4
計	220	64

資料：平成 28 年度使用高等学校（第 1 部）教科書編集趣意書「公民（政治・経済）編」、3 ～ 4 頁。

表 2-5 「最新政治・経済」(代表著者／伊東光晴) の構成

編・章	頁数	授業時間数
第 1 編　現代の政治		
第 1 章　現代国家と民主政治	8	4
第 2 章　日本国憲法と基本的人権	16	6
第 3 章　日本の政治制度と政治参加	16	6
第 4 章　現代の国際政治	14	6
第 5 章　日本の平和主義と国際平和	8	4
第 2 編　現代の経済		
第 1 章　経済社会の変容	4	2
第 2 章　現代経済のしくみ	20	6
第 3 章　現代の日本経済と福祉の向上*	26	10
第 4 章　現代の国際経済	16	6
第 3 編　現代社会の諸課題	26	4
計	154	54

資料：平成 28 年度使用高等学校（第 1 部）教科書編集趣意書「公民（政治・経済）編」、5 ～ 6 頁。

第2章　平成27年度版高等学校公民科（現代社会）における社会保障の描かれ方　71

　ただし、これらの教科書に関しては、そのタイトルからして「経済（成長）と福祉の向上」という論旨の展開が想定される。経済との関連性は、当然、社会保障を語るうえで必要不可欠な内容ではあるものの、社会保障に対するより直接的な記述は、前述した頁数および配分時間数から受ける印象より、限定的になる可能性が、少なくとも理論上は想定される。

　それを示唆するのは、株式会社清水書院が刊行予定の「高等学校　現代政治・経済　最新版」に関する説明である。公開されている資料では、編・章タイトルと参考配当時間が「参考のための配当時間です。各学校の実情にあわせ、弾力的に指導計画を編成してください」との断りを付したうえで、次頁の表2-6を公表している。

　同表にあるとおり、第2編・第4章「労働と社会保障」の配当時間は、第1編・第2章の「日本国憲法と国民主権」に次いで、2番目に少なくなっている。このような資料を踏まえたならば、社会保障教育の推進を強力に進めようとしている厚生労働省の意図が、教科書の内容に反映されるのはもちろん、配分時間などの観点からも、今後どのように変化するのか注目されよう。

　もちろん、社会保障のありように関しては、最終的には、各国国民の有する国家観、自己責任観、所得再配分観などの諸価値観に左右される。それゆえ、検討会報告書においても「正解が一つしかないわけではない」という表現が多用されている。しかし、正解が限定されない以上、「わが国にはどのような社会保障制度が良いのか」というような本質的な問いを、大学などの選抜試験に活用することは容易ではない。その意味では、生徒の側がどの程度、主体的に社会保障の学習に取り組むのかに関しては、仮に社会保障に関する学習時間が増大したとしても、別な課題として、今後、注目すべきであろう。

表 2-6　平成 28 年度版「高等学校　現代政治・経済　最新版」
（代表著作者／中村研一・吉川洋・中野勝郎・飯田泰之・宇南山卓・西原博史）

編・章	配当時間
第 1 編　現代の政治	
第 1 章　民主政治の基本原理	5
第 2 章　日本国憲法と国民主権	2
第 3 章　日本国憲法と平和主義	3
第 4 章　日本国憲法と人権保障	7
第 5 章　日本の政治機構	4
第 6 章　現代日本の政治	4
第 7 章　国際政治と日本	7
第 2 編　現代の経済	
第 1 章　経済社会のしくみと特徴	8
第 2 章　金融と財政のしくみ	4
第 3 章　日本経済のあゆみと現状	6
第 4 章　労働と社会保障	3
第 5 章　世界経済と日本	7
第 3 編　現代社会の諸課題（選択）	5
第 1 章　現代日本の政治や経済の諸課題	
第 2 章　国際社会の政治や経済の諸課題	
合計時間	65

資料：平成 28 年度使用高等学校（第 1 部）教科書編集趣意書「公民（政治・経済）編」、
9 ～ 10 頁。

第 2 章　平成 27 年度版高等学校公民科（現代社会）における社会保障の描かれ方　73

5　小括

　これまでの検証を通じて、平成27年度の公民（現代社会）における社会保障に関する記述内容は、検討会報告書のそれと類似する面はあるものの、むしろ、両者の論調および強調点には少なくない差異が認められた。だからこそ、検討会報告書および厚生労働省は、自らのホームページの中で、社会保障の重点教育項目およびその教育内容を、視聴覚教材なども含めて、[*40]積極的に公開しているのであろう。現行の教科書における「社会保障の描かれ方」は、彼らの意図するそれとは、少なくとも各論部分において隔たりがあるからである。

　今後、厚生労働省の見解を強く反映した検討会報告書の提言を踏まえ、どのような社会保障観や超高齢社会像が各教科書において描かれるのか、特に年金制度への信頼感を育みつつも、社会保障領域における公的責任縮小の観点から自己責任論の強化を促すという（ややもすれば）矛盾する要求を、いかに生徒らに無理なく教授するような筆致となるのかは注目に値する。それゆえ、各教科書出版社による筆致の変化（もしくは無変化）は、興味深いテーマになるといえよう[*41]。

注

※ 1 厚生労働省・社会保障の教育推進に関する検討会（第 1 回～第 9 回）に関する情報は、次を参照。http://www.mhlw.go.jp/stf/shingi/other-syakaihosyou.html?tid=129268（最終閲覧 2015 年 6 月 1 日）。

※ 2 たとえば、「高等学校」「公民」「教科書」の 3 つのキーワードを検索条件として、論文検索システム cinii を用いた結果、該当する論文、資料は、次の通りとなった（2015 年 6 月 1 日現在）。これらを見れば、社会保障に関する教科書分析が、ほとんど見受けられないことが理解されよう。以下、タイトルのみ表記する。「高等学校家庭科と大学入試センター試験問題」、「高等学校家庭科の位置づけの再検討：

大学入試センター試験問題とのかかわりから」、「高等学校におけるパーソナルファイナンス教育に関する一考察」、「高等学校公民科『政治・経済』教科書の分析——隠れたカリキュラムとしてのジェンダーメッセージ」、「［長崎］県下一斉模試の正答率と教科書の記述の関係」、「日本の中学校・高等学校の検定教科書における自殺関連記述の検討——学校教育場面における自殺予防教育の今後の課題を探るために」、「高等学校地歴科・公民科における現行教育の理念について——『日本史Ａ・Ｂ』『現代社会』の教科書記述を中心として」、「家庭科と公民科の関連性の検討——『家族・福祉』『経済・消費』領域を中心に」、「〈プロジェクト研究〉21世紀に生きる子どもたちと学ぶ『アジアの中の日本』——中高一貫の新しい社会科・地歴公民教育を創造する中で」、「高等学校公民科『政治・経済』の教科書における環境問題の取り扱いに関する一考察」、「高等学校教科書に現れる高齢者関連学習の目的と高齢者観（第1報）——『家庭一般』、『現代社会』における高齢者と家族・社会の関わり方の変遷」、「高等学校公民科教科書『政治経済』における消費者問題の取り扱いに関する一考察」、「歴史教科書論争と教育改革——両者に共通する思考停止的問題点を探る」、「高等学校家庭科『青年期の生き方』の学習指導に関する研究（第1報）——家庭科と社会科における学習内容の歴史的変遷」。なお、論文ではなく著書としては、拙稿としての先行研究がある。次を参照。阿部敦（編）、阿部敦・渡邊かおり（共著）『「少子高齢社会」の描かれ方——高等学校検定教科書（公民・現代社会編）は、何を教えようとしているのか』大阪公立大学共同出版会、2005年5月。さらに、「社会保障教育」だけでciniiによる検索（2015年6月1日現在）をした場合、37件がヒットしたが、その大半は、「週刊国保実務」、「週刊年金実務」、「週刊社会保障」などの週刊専門誌による事実報道に留まるものが大半である。

※3　次を参照。http://www.mhlw.go.jp/file/05-Shingikai-12601000-Seisakutoukatsukan-Sanjikanshitsu_Shakaihoshoutantou/gaiyou_2.pdf（最終閲覧2015年6月1日）。

※4　「社会保障教育検討会が報告書を取りまとめ——学習指導要領に反映を」『週刊国保実務』（2922）、2014年8月18日、23頁。

※5　一般社団法人　教科書協会「教科書発行の現状と課題 平成26年度」、平成26年7月28日、9頁［非売品］。次を参照。http://www.textbook.or.jp/publications/14tb_issue.pdf（最終閲覧2015年6月1日）。

※6　「社会保障教育のモデル事業 高校で授業実施」『週刊年金実務』（2072）、2013年12月9日、49頁。

※7　仲村優一・一番ヶ瀬康子・右田紀久恵（監修）『エンサイクロペディア 社会福祉学』中央法規出版、2007年12月、602、1294頁。

※8　「学習指導要領での『社会保障』等の取り扱い」の 資料5 を参照のこと。http://www.mhlw.go.jp/stf/shingi/2r9852000001r86x-att/2r9852000001r8kv.pdf（最終閲覧2015年6月1日）。

※9　もちろん、消費税増税に強い賛同を表明する論者も少なくはない。たとえば、次を参照。熊谷亮丸『消費税が日本を救う』日本経済新聞出版社、2012年6月。

※10　第1章脚注18参照。

※11　里見賢治「厚生労働省の『自助・共助・公助』の特異な新解釈——問われる研

第 2 章　平成 27 年度版高等学校公民科（現代社会）における社会保障の描かれ方　75

究者の理論的・政策的感度」社会政策学会（編）『社会政策』（第 5 巻第 2 号）、
2013 年 12 月、1 ～ 4 頁。

※ 12　「社会保障教育検で年金の新聞報道に関する反論」『週刊年金実務』（2008）、
2012 年 9 月 3 日、27 ～ 28 頁。

※ 13　「高校生に向けた年金教材を作成・公表——社会保障教育検討会、制度への誤解
解消を」『週刊国保実務』（2859）、2013 年 5 月 20 日、20 ～ 21 頁。

※ 14　「社会保障教育検討会報告書・資料編 社会保障の正確な理解についての 1 つの
ケーススタディ」『週刊年金実務』（2105）、2014 年 8 月 11 日、53 ～ 41 頁。「『社
会保障教育推進検討会』が報告書案を大筋了承——作成教材の活用で社会保障制
度の正しい理解を」『週刊年金実務』（2102）、2014 年 7 月 21 日、2 ～ 4 頁。「公的
年金制度への誤解解いて理解深める——社会保障教育検討会で厚労省が教材案を
提示」『週刊国保実務』（2839）、2012 年 12 月 17 日、14 ～ 15 頁。

※ 15　次を参照。http://www.mhlw.go.jp/file/05-Shingikai-12601000-Seisakutoukatsukan-
Sanjikanshitsu_Shakaihoshoutantou/gaiyou_2.pdf（最終閲覧 2015 年 6 月 1 日）。

※ 16　平成 24 年度 地域社会保障教育推進事業 実施報告
http://www.mhlw.go.jp/stf/shingi/2r9852000003186p-att/2r985200000318ax.pdf（最
終閲覧 2015 年 6 月 1 日）。

※ 17　同上。

※ 18　「高校生を対象に社会保障教育の授業——社労士を講師に厚労省作成の教材を活
用して実施」『週刊年金実務』（2032）、2013 年 2 月 25 日、38 ～ 39 頁。

※ 19　https://www.mof.go.jp/comprehensive_reform/chihosetsumeikai.html（最終閲
覧 2015 年 6 月 1 日）。なお、厚生労働省の社会保障担当参事官室は、「社会保障の
教育推進に関する検討会」を設置した趣旨を、次のように述べている。「社会保障・
税一体改革は、国民の理解と協力を得ながら社会保障と税制の改革を一体的に進
めることとされており、特に、次世代の主役となるべき児童生徒には、社会保障
について、給付と負担の構造を含め、その意義を理解してもらうとともに、当事
者意識を持って考えてもらうことが重要である。こうした観点から、学識経験者
及び関係団体の有識者による検討会を開催し、社会保障に関する教育推進の機運
を盛り上げるとともに、継続的・全国的に社会保障の教育が推進される環境作り
に役立てることを目的とする」。次を参照。厚生労働省政策統括官（社会保障担当）
「社会保障の教育推進に関する検討会報告書～生徒たちが社会保障を正しく理解す
るために～」平成 26 年 7 月、1 頁。

※ 20　「高校生対象に社会保障教育の授業を試行——社労士を講師に厚労省作成の教材
を活用」『週刊国保実務』（2847）、2013 年 2 月 18 日、15 ～ 16 頁。

※ 21　なお、これに関しては、次も参照。http://www.mhlw.go.jp/stf/seisakunitsuite/
bunya/0000051475.html（最終閲覧 2015 年 6 月 1 日）。

※ 22　一般社団法人 教科書協会の HP を参照。http://www.textbook.or.jp/about-us/
index.html（最終閲覧 2015 年 6 月 1 日）。

※ 23　一般社団法人 教科書協会「教科書発行の現状と課題 平成 26 年度」、前掲、4 ～
5 頁［非売品］。
http://www.textbook.or.jp/publications/index.html（最終閲覧 2015 年 6 月 1 日）。

※ 24　同上、4〜5頁。

※ 25　同上、4〜5頁。

※ 26　一般社団法人 教科書協会「平成27年度使用 教科書定価表」平成27年2月、23〜24頁〔非売品〕。

※ 27　大阪市生活保護行政問題全国調査団（編）『大阪市の生活保護でいま、なにが起きているのか──情報公開と集団交渉で行政を変える！』かもがわ出版、2014年11月。

※ 28　阿部（編）、阿部・渡邊（共著）、前掲。

※ 29　次を参照。http://www.mhlw.go.jp/file/05-Shingikai-12601000-Seisakutoukatsukan-Sanjikanshitsu_Shakaihoshoutantou/gaiyou_2.pdf（最終閲覧2015年6月1日）。

※ 30　検討会報告書の資料編「高校生が知っておくべき将来の話⑧ 少子高齢化が進むと年金はどうなるの？」を参照のこと。

※ 31　仲村優一・一番ヶ瀬康子・右田紀久恵（監修）『エンサイクロペディア 社会福祉学』中央法規出版、2007年12月、313頁。

※ 32　小沢修司「『持続可能な福祉社会』とベーシック・インカム」『千葉大学公共研究』（第3巻第4号）、2007年3月、51頁。

※ 33　榊原英資『日本をもう一度やり直しませんか』〈日経プレミアシリーズ〉日本経済新聞出版社、2011年4月、54〜57頁、61〜63頁。

※ 34　阿部（編）、阿部・渡邊（共著）、前掲、30頁。

※ 35　この点に関しては、厚生労働省と内閣府の見解の差異も参照。「社会保障教育検討会 内閣府社会保障試算は一面的で不適切──世代間不均衡拡大との分析に厚労省反論」『週刊国保実務』(2803)、2012年4月2日、22〜23頁。

※ 36　平成28年度使用高等学校（第1部）教科書編集趣意書「公民（政治・経済）編」、1〜16頁。

※ 37　同上、13〜14頁。

※ 38　同上、9〜10頁。

※ 39　これに関しては、前章脚注9を参照のこと。

※ 40　厚生労働省・社会保障教育（教材の紹介）は、次を参照。
http://www.mhlw.go.jp/stf/seisakunitsuite/bunya/hokabunya/shakaihoshou/kyouiku/（最終閲覧2015年6月1日）。

※ 41　本章脚注19で指摘したように、社会保障と税の一体改革の政策的方向性に矛盾しない社会保障教育が展開されようとしているが、検定済教科書（公民）の描く「社会保障観」に影響を与えようとする主要ファクターは、実のところ、厚生労働省だけではない、という点にも留意すべきである。

　たとえば、医療介護CBニュース（2015年7月13日）によると、介護関連の6団体──全国老人福祉施設協議会、全国老人保健施設協会、日本慢性期医療協会、日本介護福祉士会、日本認知症グループホーム協会、全国社会福祉法人経営者協議会──は、教科書出版社である教育出版と実教出版の2社に対して、介護に関する記述の修正を求める要望書を提出したという。前記団体によれば、これら2社が刊行している教科書には、介護の仕事が低賃金・重労働などと記載されており、その結果、職業としての介護職、福祉職の魅力が伝わっていないという

のだ。

　介護が低賃金で重労働であることは、明らかな現実である。しかし、その事実を教科書で強調すると、人材確保の観点において、業界団体にとってはマイナスに作用しかねない。その意味で、当該団体の申し入れは、理解できなくはない。

　とはいえ、介護や福祉をとりまく現実の大きな特徴にすら言及しない教科書では、「教えない」という行為を介した「歪んだ現状認識」を、結果として生徒らに植え付ける危険性がある。こうした危険性を鑑みた時、今後の社会保障教育を調査・分析する際には、厚生労働省だけでなく、介護・福祉系の業界団体の言動にも注目すべきであろう。多角的な観点からの社会保障教育の理解は、まさに始まったばかりである。

第3章 これからの社会像としての「地域共生社会」とその含意

「新しい社会保障教育」政策と並行する「地域共生社会」観

本章の目的

これまでの検証を通じて、「新しい社会保障教育」政策の本質に接近してきた。その知見を踏まえ、本章の目的として、次の2点を設定する。

1つ目は、近年、厚生労働省が、これからの社会保障・社会福祉政策のキーワードとして用いている「地域共生社会」とは、どのような含意を有する政策用語なのか、ということを明らかにすることである。

2つ目は、その「地域共生社会」というタームが、前章までに叙述した「新しい社会保障教育」政策と、どのような関係にあるのか、を明らかにすることである。

前記課題を検証する目的で、本章を次の4項目から構成する。それらは順に、(1)「地域共生社会」が政策上のキーワードと位置づけられるに至った大まかな経緯、(2)「地域共生社会」を基底とする政策の方向性と成立した法律、(3)「地域共生社会」に対する評価、(4)「地域共生社会」と「新しい社会保障教育」政策との関係、である。

なお、本章の結論を端的に表現すれば、(i)「地域共生社会」とは、現代版の日本型福祉社会論に通じる政策用語であり、(ii)「新しい社会保障教育」政策と「地域共生社会」との間には、質的連動性を見出すことができる、というものである。

1 「地域共生社会」の登場

(1) 政策用語としての「地域共生社会」

国レベルで、「地域共生社会」という用語が、政策的な意味合いで多用されるようになったのは2016年に入ってからである。しかし、「地域共生社会」という用語に込められた政策的意図は、少なくとも2015年には確認することができる。

たとえば、厚生労働省が公表した「誰もが支え合う地域の構築に向けた福祉サービスの実現——新たな時代に対応した福祉の提供ビジョン（平成27年9月17日）」を概説した資料には「4つの改革」が明示されているが、その最終目標として「地域住民の参画と協同により、誰もが支え合う共生社会の実現[*1]」という記述が認められる（傍点は筆者による挿入）。また、その名称からは、主たるアクターは「誰も（＝地域住民）」であり、対象となるフィールドは「福祉領域」、手段は「（住民相互の）支え合い」、そして政策の目的は「（住民による相互扶助的機能の強化をベースにした）新たな福祉サービスの提供」であることは、容易に推察されよう。

そして2016年に入ると、前掲した「地域住民の参画と協同により、誰もが支え合う共生社会」の簡略表記となる「地域共生社会」という表現が、政策用語として定着することになる。

たとえば、「経済財政運営と改革の基本方針2016（骨太方針2016）」（平成28年6月2日）の「第2章　成長と分配の好循環の実現」の「(6) 障害者等の活躍支援、地域共生社会の実現」では、「全ての人々が地域、暮らし、生きがいを共に創り高め合う地域共生社会を実現する。このため、支え手側と受け手側に分かれるのではなく、あらゆる住民が役割を持ち、支え合いながら、自分らしく活躍できる地域コミュニティを育成し、福祉などの公的サービスと協働して助け合いながら暮らすことのできる仕組みを構築する[*2]」と明記されている。すなわち、「地域共生社会」とは、「全ての人々が地域、暮らし、生きがいを共に創り高め合う」社会、と規定されている。

第 3 章　これからの社会像としての「地域共生社会」とその含意　81

　また、前記「骨太方針2016」と同日に公表された「ニッポン一億総活躍プラン」（平成28年6月2日閣議決定）では、「4.『介護離職ゼロ』に向けた取組の方向」の「(4) 地域共生社会の実現」において「子供・高齢者・障害者など全ての人々が地域、暮らし、生きがいを共に創り、高め合うことができる『地域共生社会』を実現する。このため、支え手側と受け手側に分かれるのではなく、地域のあらゆる住民が役割を持ち、支え合いながら、自分らしく活躍できる地域コミュニティを育成し、福祉などの公的サービスと協働して助け合いながら暮らすことのできる仕組みを構築する。また、寄附文化を醸成し、NPOとの連携や民間資金の活用を図る[*3]」と明記され、「地域共生社会」が、政策用語として用いられている。

　こうした文章を一読すれば、前記の厚生労働省「誰もが支え合う地域の構築に向けた福祉サービスの実現」の名称に込められた意図が、「骨太方針2016」や「ニッポン一億総活躍プラン」に、そのまま反映されていることは明白である。その際、地域住民のマンパワー的側面を重視するとともに、「民間資金の活用を図る」という記載から理解されるように、国が財源面でも国民に対して期待を表明している点は確認すべきであろう[*4]。

(2)「我が事・丸ごと」地域共生社会実現本部の設置

　こうした流れを踏まえ、2016年7月15日、厚生労働省は塩崎恭久厚生労働大臣（以下、塩崎厚労相）をトップとする「我が事・丸ごと」地域共生社会実現本部の設置を表明した（以下、地域共生社会実現本部、もしくは実現本部と表記）。同時に、その下部組織として「地域力強化ワーキンググループ」、「公的サービス改革ワーキンググループ」、「専門人材ワーキンググループ」を置くことも公表された。こうした一連の経緯があればこそ、確認すべきなのは、実現本部の考える「地域共生社会」を構築するための政策であり、その具体的な目標である。

　そこで、「地域共生社会実現本部」の設立趣旨に注目すると、そこには「『他人事』になりがちな地域づくりを地域住民が『我が事』として主体的に取り組んでいただく仕組みを作っていくとともに、市町村においては、地

域づくりの取組の支援と、公的な福祉サービスへのつなぎを含めた『丸ごと』の総合相談支援の体制整備を進めていく必要がある[*5]」との一文がある（傍点は筆者による挿入）。すなわち、公的「責任」よりも、公的「支援」を前提とした、住民の相互扶助的機能の強化によるまちづくり政策に主眼が置かれ、かつ、そのような社会の実現が、実現本部の目的であることが理解されよう。

　こうした認識のうえで、併せて確認すべきことがある。それは、塩崎厚労相が、障害者の高齢化などに象徴される福祉サービスの縦割り政策の弊害[*6]を指摘しつつ、公的福祉サービスについて「これまでの縦割りを『丸ごと』に変える」として、「高齢者に限らない地域包括ケアを構築する」と表明している点である。換言すれば、住民主体の相互扶助的機能の強化による福祉サービス提供機会の増加を検討する際には、高齢者福祉以外の福祉課題——たとえば、障害者や貧困層、貧困家庭の子どもが直面する学習機会の確保など——も含まれている、ということである。このことは、「地域共生社会」が、従来の地域福祉を考える際の主概念である「地域包括ケアシステム」の上位概念になることを含意している。その意味においても、「地域共生社会」の政策用語としての重要度は高いといえよう。[*7]

　もっとも、「我が事・丸ごと」地域共生社会実現本部の設立が公表されたものの、実現本部による審議資料などは、ほとんど明らかにされなかった。とはいえ、前述した下部組織の一つである「地域力強化ワーキンググループ」となる「地域における住民主体の課題解決力強化・相談支援体制の在り方に関する検討会（地域力強化検討会）」の審議資料は、適宜、厚生労働省のHPに掲載されていた。よって、実現本部が抱くおおよその政策的方向性は確認することが可能となった。同検討会が公表した「地域力強化検討会中間とりまとめ——従来の福祉の地平を超えた、次のステージへ」（2016年12月26日）や「最終とりまとめ（案）」（2017年7月26日）などは、その実例である。[*8]

第3章　これからの社会像としての「地域共生社会」とその含意　83

2 「地域共生社会」を実現するための諸政策と法改正への動き

(1)「地域共生社会」の構築に資する政策

　地域共生社会実現本部が目指す社会像は既述のとおりだが、当該社会を実現するために、どのような政策が表明されてきたのであろうか。ここでは、その具体例として「ニッポン一億総活躍プラン」と、実現本部による政策目標の2つを紹介する。

　まず、ニッポン一億総活躍プランの「安心した生活（地域課題の解決力強化と医療・福祉人材の活用）」の「⑨地域共生社会の実現」では、具体的な施策として「地域包括支援センター、社会福祉協議会、地域に根ざした活動を行うNPOなどが中心となって、小中学校区等の住民に身近な圏域で、住民が主体的に地域課題を把握して解決を試みる体制づくりを支援し、2020年〜2025年を目途に全国展開を図る。その際、社会福祉法人の地域における公益的な活動との連携も図る」と明記されている。住民主体による「地域共生社会」の構築という視点は、ここでも繰り返し強調されている。

　次に、地域共生社会実現本部においては、その設置時において「地域包括ケアの深化・地域共生社会の実現」（平成28年7月15日）を公表していたわけだが、そこでは「2035年の保健医療システムの構築に向けて」という項目で、①地域包括ケアシステムの構築：医療介護サービス体制の改革、②データヘルス時代の保険者機能強化、③ヘルスケア産業等の推進、④グローバル視点の保健医療政策の推進、という4つの強化軸が表明されている。そして、①において、「地域包括ケアシステムの深化、『地域共生社会』の実現」を位置づけている。また、同資料では、「地域共生社会」の構築に資するという観点から、介護保険法の法改正、介護・障害福祉の報酬改定、生活困窮者支援制度の見直しなども表明されている。

　換言すれば、「地域共生社会」のキープレイヤーは、ニッポン一億総活躍プランが示すとおり「地域包括支援センター、社会福祉協議会、（国際支援などのNGOではなく）地域に根ざした活動を行うNPO、地域住民、そして

社会福祉法人」であり、また、「地域包括ケアの深化・地域共生社会の実現」
が明示するように、福祉領域はもとより、保健医療システムも含めた社会
保障領域の抜本的な法「改正」を射程に入れた政策が意図されていることが
理解されよう。

(2)「地域共生社会」を構築するための法改正

　このように、「地域共生社会」という政策用語を用いることで、国は、法改
正に向けた取り組みを加速化させることになる。実際、地域共生社会実現
本部の設立から約7ヵ月後、内閣は「地域包括ケアシステムの強化のための
介護保険法等の一部を改正する法律案」（2017年2月7日）を国会に提出し
た（以下、「地域包括ケア強化法案」と表記）。ここで注目すべきは、同法案
には、関係法律として、介護保険法、医療法、社会福祉法、障害者総合支援
法、児童福祉法などが含まれており、合わせると30を超える法律の見直し
が付随していたことである。

　このような現実に対して、きょうされん理事会は、「『我が事・丸ごと』地
域共生社会のねらいは何か——『地域包括ケアシステム強化法案』の問題点
と障害福祉への影響」（2017年3月21日）を公表し、「31本の法律を一括した
『地域包括ケア強化法案』は突然の提案であり、『我が事・丸ごと』地域共生
社会に至っては、国民にとって寝耳に水の話です[*11]」と批判している。

　たしかに、多くの国民にとって、これだけ国民生活に影響を与え得る法
案の一括提出は寝耳に水の話ではある。しかし同法案は、衆議院本会議可
決（2017年4月18日）、参議院本会議可決（2017年5月26日）を経て、同年6
月2日には公布された。このように、国民の生活に深く関わる「地域包括ケ
ア強化法案」と介護保険法などを含む一連の法改正は、すでに現実のこと
である。

第3章 これからの社会像としての「地域共生社会」とその含意　85

3　「地域共生社会」と地域包括ケア強化法案

　ここまでに、「地域共生社会」および「地域包括ケア強化法案」が成立に至るまでの経緯を概説した。これらの知見を踏まえ、本節では「地域共生社会」および「地域包括ケア強化法案」に対する主要な見解について叙述する。

　そのうえで、当該評価を再考する観点から、「地域共生社会」の実現に向け、主要アクターとして指名された「地域包括支援センター、社会福祉協議会、地域に根ざした活動を行うNPO、地域住民、社会福祉法人」などに注目し、当該アクターに課せられた期待と、現実レベルにおける問題点を確認する。これにより、「地域共生社会」の実現可能性を検証する。

(1) 地域包括ケア強化法案の審議

　「地域共生社会」および「地域包括ケア強化法案」に対する評価は、大きく2つに分類される。それは単純に、賛成論と反対論である。その際、評価を二分する主因になるのは、「地域共生社会」という考え方において、「公的責任は、どのような立ち位置になるのか」という点である。

　こうした認識の妥当性を象徴的に示すのは、地域包括ケア強化法案が提出された後の国会議員らの発言である。[*12]ここでは、同法案推進派の安倍晋三と塩崎恭久、そして、同法案の反対派となる堀内照文の発言を紹介する。なお、傍点は筆者による挿入である。

　○衆議院本会議（平成29年3月28日）
　堀内照文（日本共産党）
　──本法案は、我が事・丸ごと地域共生社会づくりを進めるとしています。厚労省の目指す地域共生社会とは、効率化、生産性向上、自助、互助、地域住民の助け合いを最優先に求め、公的責任を後退させ、福祉、介護費用の抑制を狙うもので、今後の社会福祉のあり方を大きく変質させかねません。

安倍晋三（内閣総理大臣）

――地域共生社会についてお尋ねがありました。今回、市町村の努力義務とした、法律に新たに位置づける地域共生社会の実現は、地域住民が主体的に地域の課題に対応し、関係機関が総合的に相談支援を行う体制をつくるものです。地域住民の自助努力に全てを委ねるものではなく、社会福祉の実施主体である自治体がしっかり責任を果たすことに変わりはありません。公的責任を後退させる、社会福祉のあり方を変質させるなどといった批判は当たりません。

〇衆議院・厚生労働委員会（平成29年4月7日）

堀内照文（日本共産党）

――私、本会議で、助け合いを最優先に求め、公的責任を後退させ、福祉の費用の抑制を狙うもので、社会福祉のあり方を大きく変質させるものだと指摘したんですが、改めてそのことを大臣にも問いたいと思うんですが、いかがですか。

塩崎恭久（厚生労働大臣）

――結論的に申し上げれば、これは総理も本会議で答弁申し上げておりますけれども、公的責任を後退させるという考え方を私どもは持っていないわけであって、そこに加えて、公的責任を後退させないということを前提に、地域住民等の取り組みと公的な体制による支援、これが組み合わさって初めてこの地域共生社会というのが実現できるんだというのが我々の考え方でございます。したがって、公的責任から逃れて、民間の、地域の方々の助け合いの仕組みだけに乗るというようなことは全く考えておりません［……］。

　このように、推進派は「公的責任の後退はない」と明言し、懐疑派は「福祉費用の抑制を狙うもの」だと批判している。しかし、いずれの立場を支持するにしろ、こうした議員らの発言は、単なる主義主張の展開に留まるのが

実情である。むしろ、ここで認識すべきは、同法案を審議する際、当該法案の「本質がほとんど誰にも把握できていない状態で、審議がなされていた」という現実である。

　この点を鋭く突いているのが、前掲したきょうされん理事会による「『我が事・丸ごと』地域共生社会のねらいは何か」（2017年3月21日）である。そこには、次の文章がある（傍点は筆者による挿入）。

　　しかし「地域包括ケア強化法案」の介護保険法見直し案は、［……］しかも、提案された見直し条文を含めると、介護保険法の文字数は約23万字にもなります（日本国憲法は約1万字）。また、きわめて難解な条文には「政令で定める」が204カ所、厚労「省令で定める」が574カ所もありました。
　　介護保険給付と利用者負担の負担率は法律の条文に明記されているのに、介護サービス事業所の支援者数や施設の面積、必要な設備と運営基準など、もっとも大切な介護サービスの内容・水準は、国会の採択を必要としない「政令・省令」の通知で、すべて決めるというのです。ということは、この見直し案では、「どのくらいの介護が、どのような水準で提供されるのか」まったくわからないのです。そんな法案の良し悪しを、国会は何を基準に判断するのでしょうか。[*13]

　このように、地域包括ケア強化法案に関しては、法案の本質を審議することが「実は全くできない状態」で、法案の賛否を論じているのが実情である。そうであるならば、「地域共生社会」に対して——特にそれが30以上もの法律の改正を付随させるのであれば——安易な賛同を表明するのは困難だといえよう。なお、こうした認識の妥当性は、「地域共生社会」の実現に向け、主要アクターとして指名された前出の各アクターの現状に注目することにより確認することができる。

(2) 主要アクターと期待される役割

　「地域共生社会」を構築するためには、さまざまなアクターに、相応の役割が期待されていることは論を待たない。それでは、主要なアクターには、どのような役割が想定されているのだろうか。

　はじめに、「地域共生社会」における市町村の役割は、地域住民の主体的な活動の促進を目的とした、基盤整備に象徴される側面支援がメインになっている。実際、前掲した「地域共生社会実現本部」の設立趣旨には、「『他人事』になりがちな地域づくりを地域住民が『我が事』として主体的に取り組んでいただく仕組みを作っていくとともに、市町村においては、地域づくりの取組の支援と、公的な福祉サービスへのつなぎを含めた『丸ごと』の総合相談支援の体制整備を進めていく必要がある」と記されている（傍点は筆者による挿入）。

　これに対して、「地域共生社会」における国の役割は、側面支援という文脈では、市町村のそれと類似するが、福祉サービスの供給という観点からは、「公的責任」の視点が、ほとんど触れられていない点に特徴がある。実際、地域共生社会実現本部による「『地域共生社会』の実現に向けて（当面の改革工程）」（平成29年2月7日）の文章では、「公的責任」という表現は1回も用いられていないが、「公的支援」という表現の使用は10回にも上っている。こうした表現上の特徴を一つ取っても、「公的責任」の観点ではなく「公的支援」の観点で、「地域共生社会」における「公の役割」が規定されていることが理解されよう。[14]

　それでは、現実の実働部隊として期待されている主要アクターとは何であろうか。この点は、前掲したとおりだが、ここでは地域包括ケア強化法が成立した後に開催された「第8回地域力強化検討会」（平成29年6月21日）の「資料4」の文章を紹介することで、当該アクターを列挙したい。そこには「2. 住民に身近な圏域で『丸ごと』受け止めるために求められる機能と仕組みについて」と「3. 市町村域における包括的な相談支援体制における協働の中核を担う機能について」の部分で、次の文章がある（一部のみ抜粋）。

第3章　これからの社会像としての「地域共生社会」とその含意　89

○住民に身近な圏域で「丸ごと」受け止める機能を、専門機関（地域包括支援センター、相談支援事業所、地域子育て支援拠点等）が担う場合には［……］。
○住民に身近な圏域で「丸ごと」受け止める機能を、地区社協等の住民が中心的に担う場合には［……］。
○住民に身近な圏域で「丸ごと」受け止める機能を、社会福祉事業を実施している社会福祉法人等が担うことも期待される［……］。
○協働の中核の役割を、例えば生活困窮者自立支援制度における自立相談支援機関が担う場合には［……］。一方で地域包括支援センターが担う場合には［……］。

　こうした表現、および前掲した資料からも明らかなように、主要アクターとして期待されているのは「地域住民、地縁組織、NPO法人、社会福祉協議会、社会福祉法人、地域包括支援センター、自立相談支援機関」などであり、それら各アクター間の有機的連動である。その際、特にキープレイヤーとして重視されているのは、前記「地域共生社会実現本部」の設立趣旨にもあるとおり、「地域住民が『我が事』として取り組む仕組みと、市町村が『丸ごと』相談支援できる体制づくり」の観点から、地域包括支援センター[*15]と、生活困窮者自立支援制度における自立相談支援機関になる。

（3）地域包括支援センターと自立相談支援機関に余力はあるか

　このように考えた場合、問題は、実働部隊の中核と目されている地域包括支援センターや自立相談支援機関に、地域住民に対するのと同様に「地域共生社会」の実現に向けた地域力強化の重責を担わせることが可能なのか、という点に集約されることになる。それは、既存の資料を確認する限り、先のような期待は、机上の空論に留まる可能性が高い。
　はじめに、地域包括支援センターについてであるが、「平成27年度　老人保健事業推進費等補助金　老人保健健康増進等事業　地域支援事業の包括的支援事業及び任意事業における効果的な運営に関する調査研究事業報告

書」(2016年3月)によると、センターが抱える課題について複数回答で尋ねた結果、「地域包括支援センターが抱える課題は、『業務量が過大(81.6%)』が最も多く、次いで『業務量に対する職員数の不足(70.2%)』、『職員の力量不足(53.7%)』、『専門職の確保(53.5%)』、『職員の入れ替わりの早さ(22.1%)[*16]』」などとなっていた。とりわけ、「『専門職の確保』に課題がある場合の理由は、『人材不足(86.3%)』が最も多く、次いで『予算の確保が難しい(44.0%)[*17]』」などとなっている。このように、地域包括支援センターには、「地域共生社会」の実現に向けて、人的および財政的な資源を投入する余力が、ほとんどないのが実情である。

それでもなお、地域包括支援センターを一つの核として「地域共生社会」を構築するとした場合、地域住民の主体的活動を促すためには、特に高齢者のニーズとボランティアなどの地域資源とをマッチングさせることで、生活支援を充実させることを目的とする地域生活支援コーディネーターの役割が重要になってくる。しかし、2018年4月までに全市区町村に配置が義務づけられている同コーディネーターは、2016年4月時点において、約4割の市区町村で、配置されていないのが実情である[*18]。そこには当然ながら、前述した予算の壁などが影響している。こうした点を鑑みたとき、地域包括支援センターを核とした「地域共生社会」の構築は、やはり現実的ではないと評することが妥当であろう。

次に、生活困窮者自立支援制度における自立相談支援機関についてである。生活困窮者自立支援制度には、これまでの社会保障制度とは異なった機能も求められている。なぜなら、生活困窮者を支援するだけでなく、生活困窮者の自立支援を通じた「地域づくり」も目標とされているからである[*19]。すなわち、同制度の取り組みは、地域共生社会の構築へとつながっている、ということである。

2015年4月に施行した生活困窮者自立支援制度の詳細は他に譲るが、最低限抑えるべきは、次の点である。それは、同制度においては、(1)自立相談支援事業と住居確保給付金支給は必須事業、(2)その他の事業(例：就労準備支援事業、一時生活支援事業、家計相談支援事業、学習支援事業など)

は任意事業、という点である[20]。

　換言すれば、生活困窮者自立支援制度は、自治体が「事業や資源を独自に組み合わせて運営のあり方を選び取り、支援員等が生活や就労に関する個別的な支援サービスの提供やコーディネートを行うものである[21]」ため、もとより「地域ごとの特色や地域間の格差をともなう[22]」ということである。つまり、ある程度の余力のある自治体でないと、そもそも安易な期待はできないのが実情である。

　それゆえ、制度実施当初[23]との比較では、実績は上がっているものの、それでも平成27年9月24日に行われた厚生労働省生活困窮者自立支援制度全国担当者会議の資料「生活困窮者自立支援制度の取組状況」によれば、「プラン作成件数は徐々に増加しているが低い水準[24]」というのが実情である。また、平成28年度の任意事業の実施予定自治体数は、就労準備支援事業：414自治体（全体の46％）、一時生活支援事業：243自治体（同27％）、家計相談支援事業：387自治体（同43％）、子どもの学習支援事業：470自治体（同52％）などとなっており、全般的に低率であることは否めない[25]。こうした点を鑑みれば、地域包括支援センター同様、自立相談支援機関に対しても、過度な期待を抱くべきではない。

　なお、他の主要アクターに関しては、紙幅の関係上、簡潔に留めるが、今一つの主要アクターとなるのは、当然、市井の人々である。「地域共生社会」の観点からは、「地域住民の支え合う力を育むとともに、民生委員、児童委員、市民後見人など地域生活を支える人材の活動の促進や育成を進める[26]」といった提言が認められる。とはいえ、担い手不足により地縁組織が弱体化している中でのこうした見解は、現実性を欠いた提言であるといえよう[27]。

(4)「地域共生社会」に対する筆者の評価

　ここまでの検証を鑑みたとき、また、今後に向けて国から提言されている法「改正」案等を鑑みたとき、それらは、社会保障の質的・量的向上を担保しない状態での「国民負担の増大」に直結する政策方針であることから、

「地域共生社会」の本質は、名称を変えた現代版の日本型福祉社会論である、と評することが妥当だといえよう。なぜなら、これらの見解は、最終的に「共助・公助」の質的後退を、「自助・互助」の機能強化で補うことを目的とする論調に合流する共通項を有するからである。

　こうした筆者の認識に近いものとして、浜岡政好による「地域共生社会」への批判がある。浜岡は、「自助・互助・共助・公助」を、およそ「自己責任・地域社会の支え合い・社会保険・公的扶助および社会福祉」と規定したうえで、「地域共生社会」について次のように述べている。

　　歴史的には「共助」「公助」という社会保障・社会福祉は、資本主義のもとでの生活原理からして「自助」「互助」の限界を修正するために形成されてきたものです。だから「共助」「公助」を抑制するために、「自助」「互助」の役割を拡大するということはありえないことです。[28]

　とはいえ、社会保障抑制政策を堅持しつつ、「共助や公助」を抑制する目的で、「自助や互助」の役割を拡大するというスタンスを当然視する論調が、「地域共生社会」や「福祉ボランティア活動の促進」など、ソフトな言葉や語り口と一体化して展開されれば、——国家に対する国民の権利という意味での「社会保障の権利性」を強調しない「これからの社会保障教育の展開」（第1章）も加わる形で——多くの人々にとっては大した違和感もなく、「自己責任論に依拠した社会保障観」が浸透してゆくことになるであろう。[29]その意味で、「地域共生社会」が生み出す政策的アウトプットは——いくつかの注目すべき活動事例の創出を伴いつつも——、全体としては「社会保障抑制政策の強化装置」という側面と、「国民間における人や社会に対する信頼感の低下」[30]に繋がるものである、と捉えることができよう。

第3章 これからの社会像としての「地域共生社会」とその含意　93

4 「新しい社会保障教育」政策と「地域共生社会」

(1) 社会福祉基礎構造改革路線への親和性

　「地域共生社会」を政策用語とし、当該社会の構築を目的とした包括的な社会保障・社会福祉改革——より正確には、社会福祉基礎構造改革路線の更なる強化・推進——という現状認識およびその妥当性は、一連の法改正をみれば明らかな現実である。それはまた、前章までに叙述した、高校生を対象にした「新しい社会保障教育」政策が内包する社会福祉基礎構造改革路線の追認的機能と質的に類似するものである。換言すれば、「地域共生社会」の本質は、日本型福祉社会論と同様、社会保障抑制政策の強化装置であるというのが、筆者の「地域共生社会」に対する認識である。

　こうした筆者の認識である「地域共生社会≒日本型福祉社会≒住民主体による福祉系マンパワー重視論」の妥当性を検証するうえで、「地域力強化検討会中間とりまとめ——従来の福祉の地平を超えた、次のステージへ」（2016年12月26日）は、有益な素材である。同中間とりまとめには、次の記述がある。なお、傍点は筆者による挿入である。

(3) 地域福祉計画等法令上の取扱いについて
（地域福祉計画）
○また、地域福祉計画は、社会福祉法では、策定は任意とされながらも、7割の自治体で策定が行われており、「我が事・丸ごと」の体制整備をすべての自治体で促進するためにも、任意から義務化するべきである。

　今回の改正では、従来は任意とされていた「地域福祉計画」の策定を、市町村の努力義務とする規定が盛り込まれたわけだが[31]、いずれ前記のように義務化の流れが出てくれば、地域住民による福祉系マンパワー論の観点は、間違いなく重視されることになる[32]。そうなれば、活動目標なども具体化

させる圧力が強まり、従来以上に、上からの「地域共生社会」というまちづくりが強要されることになることは論を待たない。

こうした推察が合理的に導かれるからこそ、きょうされん理事会が指摘するように、現時点において最も重視すべきである「子ども、高齢者、生活困窮者、障害者等の各分野について、それぞれの質的な側面と量的な側面を整備、拡充すること」[33]のない政策展開と並行した、「上からの」福祉のまちづくり政策では、理論必然的に、制度疲労を起こすことは避けられないといえよう。それゆえ、「地域共生社会」は、結果的に社会保障・社会福祉領域における自己責任論や地域責任論の強化と、その常態化を促す可能性が高いといわざるを得ないのである。

(2) 時間軸からみた連続性

なお、「新しい社会保障教育」政策との絡みでは、次の点に留意しておきたい。それは、高校生を対象にした「新しい社会保障教育」政策と「地域共生社会」との間には、既述のとおり、質的類似性を見出すことができるが、両者を時間軸の観点から捉えた場合、そこにも連動性を見出せるのではないか、という点である。

まず、地域共生社会実現本部のワーキンググループとなる「地域における住民主体の課題解決力強化・相談支援体制の在り方に関する検討会」の資料「地域力強化検討会中間とりまとめ——従来の福祉の地平を超えた、次のステージへ」（2016年12月26日）には、次の記載がある（傍点は筆者による挿入）。

　　幼少期から地域福祉に関心を促し、地域活動への参加を通して人間形成を図っていく福祉教育が必要である。就学前から義務教育、高等教育といったそれぞれの段階で地域貢献学習（サービスラーニングやボランティア活動）などに積極的に取り組み、福祉意識の涵養と理解を深めていくことが大切である。またこうした地域福祉の学びは生涯学習の視点からも取り組んでいかなければならない。

このような初等教育以前の段階をも視野に入れた福祉教育の重視には、同検討会の座長が原田正樹（日本福祉大学社会福祉学部社会福祉学科 教授）であることが大きく影響していると考えられる。とういのは、原田の主な研究テーマは、「小・中学校のための福祉教育・研修プログラムの開発とその実践効果に関する研究」だからである。しかも原田は、日本福祉教育・ボランティア学習学会の会長（2016年11月〜）でもある。こうした点を鑑みたとき、仮に早期福祉教育が導入されるのであれば、その基軸は「福祉系ボランティア」となる可能性が高いといえよう。

　もちろん、どのような福祉教育が、将来の初等教育期において重点採用されるのかは、現時点においては不明である。とはいえ、前章までに叙述した「これからの社会保障教育」の内容を鑑みたとき、次のようなシナリオは、合理的に推察されることになる。それは、幼少期の段階から「福祉系ボランティア教育」により福祉に関心を抱かせ、高校レベルでは「新しい社会保障教育」を介して、自己責任論を強調しつつも、国家政策に対する一定以上の安堵感、信頼感をも育ませる、という流れである。換言すれば、就学前および初等教育時における福祉教育政策の内容次第では、その後の高校時で学ぶ「新しい社会保障教育」に対する現状追認的な若年層を生み出す緩衝材的な事前教育になり得る、ということである。

5　小括

　本章では、わが国の社会保障・社会福祉をとりまく現状を、「地域共生社会」という政策用語を分析視角として、「新しい社会保障教育」政策との絡みも射程に入れつつ考察した。そして、ここまでの検証を通じて、わが国の社会福祉基礎構造改革路線は、「地域共生社会」や「新しい社会保障教育」政策を介して、その方向性が強化される可能性が合理的に推察された。また、両者の間には、将来的な連動性も想定された。これは、わが国の若年層が、「新しい社会保障教育」政策が主張する「中立的教育」の推進とは裏腹に、教

育を介してある種の政策的方向性を支持する社会保障観に親和的になりやすい状況下に置かれることを含意している。

　以上の点を鑑みたとき、わが国の若年層は、初等教育前から高等学校教育に至るまで、結果として、国家政策に対して追随的、容認的な福祉観に触れる機会のほうが、それ以外の福祉観に触れる機会よりも、合理的に多くなることが想定されよう。それは当然ながら、消極的賛同も含めた社会福祉基礎構造改革への支持を広げることに機能するものである。

注

※1　次を参照（最終閲覧 2017 年 9 月 1 日）。http://www.mhlw.go.jp/file/05-Shingikai-12201000-Shakaiengokyokushougaihokenfukushibu-Kikakuka/siryou1_11.pdf

※2　「経済財政運営と改革の基本方針 2016 ―― 600 兆円経済への道筋」（平成 28 年 6 月 2 日）、10 頁。

※3　「ニッポン一億総活躍プラン」（平成 28 年 6 月 2 日）、16 頁。

※4　これに関連して、厚生労働省「我が事・丸ごと」地域共生社会実現本部による「『地域共生社会』の実現に向けて（当面の改革工程）」（平成 29 年 2 月 7 日）の 8 頁目には、次の一文がある。「民間主体が財政支援を通じて地域づくりに参画できる環境を整備するため、いわゆる『ソーシャル・インパクト・ボンド（SIB）』の手法について、モデル的な実践等を通じて検証し成果を普及する」。次を参照。http://www.mhlw.go.jp/stf/houdou/0000150538.html（最終閲覧 2017 年 9 月 1 日）。
　　（別添 1）「地域共生社会」の実現に向けて（当面の改革工程）【概要】
　　（別添 2）「地域共生社会」の実現に向けて（当面の改革工程）

※5　次を参照。http://www.mhlw.go.jp/stf/shingi2/0000130501.html（最終閲覧 2017 年 9 月 1 日）。
　　第 1 回「我が事・丸ごと」地域共生社会実現本部 資料（平成 28 年 7 月 15 日）。
　　（資料 1）「我が事・丸ごと」地域共生社会実現本部について
　　（資料 2）地域包括ケアの深化・地域共生社会の実現

※6　次を参照。障害関係団体連絡協議会 障害者の高齢化に関する課題検討委員会「障害者の高齢化に関する課題検討報告」（平成 27 年 5 月）。

※7　たとえば、平成 29 年 4 月 5 日の衆議院・厚生労働委員会における中島克仁委員からの質問を受けた塩崎恭久は、次のとおり答弁している。「地域包括ケアシステムは、高齢期の支援を地域で包括的に確保するというものでございますので、それに対して、地域共生社会は、必要な支援を包括的に提供するという考え方を、障

害者、子どもなどへの支援や複合課題にも広げたものでございますので、地域包括ケアシステムのいわば上位概念とも言えるものかというふうに思います」。詳細は、次の「国会会議録検索システム」より確認のこと。
http://kokkai.ndl.go.jp/（最終閲覧 2017 年 9 月 1 日）。

※ 8　詳細は、次を参照。http://www.mhlw.go.jp/stf/shingi/other-syakai.html?tid=383233（最終閲覧 2017 年 9 月 1 日）。
「地域における住民主体の課題解決力強化・相談支援体制の在り方に関する検討会」（地域力強化検討会）【第 1 回〜第 9 回までの議事録等一覧】

※ 9　「ニッポン一億総活躍プラン」（平成 28 年 6 月 2 日）、60 頁。

※ 10　たとえば、生活困窮者自立支援制度に関しては、平成 30 年までの間に、「地域課題の解決力強化の観点も踏まえ、見直しについて検討する」としている。前掲した「我が事・丸ごと」地域共生社会実現本部 資料（平成 28 年 7 月 15 日）を参照のこと。http://www.mhlw.go.jp/stf/shingi2/0000130501.html（最終閲覧 2017 年 9 月 1 日）。
（資料 1）「我が事・丸ごと」地域共生社会実現本部について
（資料 2）地域包括ケアの深化・地域共生社会の実現

※ 11　きょうされん理事会「我が事・丸ごと」地域共生社会のねらいは何か──『地域包括ケアシステム強化法案』の問題点と障害福祉への影響」（2017 年 3 月 21 日）、1 〜 2 頁。

※ 12　前掲した「国会会議録検索システム」より確認のこと。http://kokkai.ndl.go.jp/

※ 13　きょうされん、前掲、2 〜 3 頁。

※ 14　なお、国に関しては、本文でも述べているように、法改正という観点での役割も強調されている。たとえば、「地域における住民主体の課題解決力強化・相談支援体制の在り方に関する検討会」（地域力強化検討会）による「地域力強化検討会中間とりまとめ──従来の福祉の地平を超えた、次のステージへ」（2016 年 12 月 26 日）には、「国の役割」として、次の記述がある。「国においては、『我が事・丸ごと』を、平成 29 年の介護保険制度の改正以降の一連の福祉の制度改革を貫く基本コンセプトに位置づける、との考え方のもと、必要な措置を順次、早急に講じるべきである」。

※ 15　「地域包括支援センター」は、「地域の高齢者の総合相談、権利擁護や地域の支援体制づくり、介護予防の際に必要な援助を行い、高齢者の健康と福祉の増進を図る機関であり、設置主体は市町村で、原則、保健師、社会福祉士、主任介護支援専門員の 3 職種が連携して、支援を行うこと」となっている。とはいえ、市町村直営のセンターは 3 割に過ぎず、7 割は社会福祉法人や社会福祉協議会、医療法人などに委託されているのが実情である。詳しくは、次の「みんなの介護ニュース」https://www.minnanokaigo.com/ を参照されたい（最終閲覧 2017 年 9 月 1 日）。
https://www.minnanokaigo.com/news/kaigogaku/no193/
https://www.minnanokaigo.com/news/kaigogaku/no196/
第 193 回「地域包括センターは業務過多で機能不全！？ 高齢者や家族の相談ニーズが高まるものの、職員の力量不足が課題に」（みんなの介護ニュース）。
第 196 回「厚生労働省が掲げる『地域共生社会』は机上の空論か…。"一体的な福

祉サービスの提供 " のために、縦割り行政システムの改善は実現するのか！？」（みんなの介護ニュース）。

※16　「平成27年度 老人保健事業推進費等補助金 老人保健健康増進等事業 地域支援事業の包括的支援事業及び任意事業における効果的な運営に関する調査研究事業報告書」株式会社 三菱総合研究所、2016年3月、214～218頁。

※17　同上、218頁。

※18　次を参照。https://www.minnanokaigo.com/news/kaigogaku/no182/（最終閲覧2017年9月1日）。
　　　第182回「『地域生活支援コーディネーター』の配置はなぜ進まない！？ 2018年4月までの配置を義務付けるも、業務負担の重さは深刻なハードル」（みんなの介護ニュース）。

※19　村田隆史「失業がもたらす貧困と社会保障制度の果たす役割」『国民医療』（337）2018年冬季号、公益財団法人　日本医療総合研究所、50頁。

※20　垣田裕介「社会政策における生活困窮者支援と地方自治体」『社会政策』（第7巻第3号）、社会政策学会、2016年3月、42頁。

※21　同上、53頁。

※22　同上、53頁。

※23　厚生労働省「生活困窮者自立支援制度における支援状況調査集計結果（平成27年4月分）」2015年5月25日。

※24　石坂誠「生活困窮の一形態としての税金・保険料滞納問題と生活困窮者自立支援制度」『福祉研究』（111）、日本福祉大学社会福祉学会、2017年4月、10～11頁。

※25　同上、10～11頁。

※26　厚生労働省「我が事・丸ごと」地域共生社会実現本部「『地域共生社会』の実現に向けて（当面の改革工程）」（平成29年2月7日）、7頁。

※27　たとえば、次の特集を参照。特集：町内会・自治会と自治体の関係を考える『住民と自治』（2016年1月号）自治体問題研究所、2015年12月11日。

※28　浜岡政好「厚労省『我が事・丸ごと』をよむ なぜ『協同』ではなく、『共生』なのか」『福祉のひろば』社会福祉法人大阪福祉事業財団、2017年6月、35頁。なお、これに関連して、日本福祉大学の学長でもある二木立は、厚生労働省「誰もが支え合う地域の構築に向けた福祉サービスの実現——新たな時代に対応した福祉の提供ビジョン」（平成27年9月17日）において、次の発言をしている。「また、近年の厚生労働省の文書の常として、『ビジョン』も国の公的責任についての記述が弱いこと、および『ビジョン』自身も『互助機能の低下』と認めている『地域』をいわば打ち出の小槌のように安易に用いていることも気になります。」次を参照。第45回全国社会福祉教育セミナー「新たな時代に対応した福祉の提供ビジョン」の公表と求められる社会福祉士養成教育——社会福祉士養成カリキュラムの見直しに向けて（2015年11月1日）。

※29　横山壽一『社会保障の再構築——市場化から共同化へ』新日本出版社、2009年5月、90頁。

※30　たとえば、次を参照。片岡えみ「信頼社会とは何か——グローバル化と社会的公正からみたEU諸国の一般的信頼」『駒澤社会学研究』（47）、2015年3月、29

〜51頁。池田清「北九州市の生活保護問題の背景——北九州市の地域開発とソーシャルキャピタル」『北九州医療・福祉総合研究所年報』(15)、2006年、4頁。

※31　改正社会福祉法（第107条）

（市町村地域福祉計画）

　　第107条 市町村は、地域福祉の推進に関する事項として次に掲げる事項を一体的に定める計画（以下「市町村地域福祉計画」という。）を策定するよう努めるものとする。

※32　より正確には、「地域における住民主体の課題解決力強化・相談支援体制の在り方に関する検討会（地域力強化検討会）」による「地域力強化検討会中間とりまとめ——従来の福祉の地平を超えた、次のステージへ」（2016年12月26日）に、地域福祉の範疇を超えた総合的なまちづくりを標榜する観点から、従来のボランティアセンターを、「まちづくりボランティアセンター」に改称することなどが提案されている。その意味では、福祉以外の他領域の市民活動をも巻き込む形で、より包括的な観点から、福祉のまちづくりを目指す、という認識が正確である。

※33　きょうされん、前掲、5頁。

総 括

　これまでの検証を通じて、序論で提起した本論の課題に関しては、一通り叙述したつもりである。そこで本論を閉じるにあたり、各章の要旨を改めて確認し、その後、若干の私見を記すことで、今後への提言としたい。

1　各章の要旨

　第1章では、これからの高校生に教授されることになるであろう「新しい社会保障教育」の特徴について叙述した。具体的には、厚生労働省「社会保障の教育推進に関する検討会」報告書および資料編を取り上げ、当該教育内容の基礎的特徴と、その含意について考察した。

　「新しい社会保障教育」では、限られた時間内において効率的な教育を行うという観点から工夫が凝らされており、その意味においては積極的な評価に値する。その一方、「新しい社会保障教育」の特徴として、「社会保障＝自助・共助・公助（→近年では、自助・互助・共助・公助と表現されることが多い）」という『厚生労働白書』などと軌を一にする認識をベースにしながら、「国の社会保障制度——とりわけ、不信感が強い年金制度——は、実は信頼に足る制度だ」として評価している点が注目される。なぜなら、それ以前の教科書では、年金制度に対する不信感をにじませた論調が少なくなかったからである。

　また、「新しい社会保障教育」では、課税候補先の議論、および「権利としての社会保障」という観点が軽視された教育内容になっているという特徴も見受けられた。よって、——検討会委員らの思いは別にあったのかもしれないが——同教育政策を介して過度な自己責任論のさらなる強化と、社会保障における公的責任の弱体化が懸念された。換言すれば、社会保障教育というよりも、社会保険教育の色合いが強い、ということである。

第2章では、平成27年度版高等学校公民科（現代社会）における「社会保障の描かれ方」を、前章で叙述した「社会保障の教育推進に関する検討会報告書」におけるそれとの比較を通じて検証した。その結果、少なくない教科書の論調は、検討会報告書が目指す教科書のそれとは異なる部分が、少なくとも各論レベルでは確認された。

　その中で注目されたのは、（Ⅰ）年金制度の持続性には懐疑的な論調の教科書が多くを占めるが、「新しい社会保障教育」では、基本的には問題はないとするスタンスが表明されている、（Ⅱ）いわゆる「世代間格差」に関しては、世代間に（受給額などにおける）極端な格差があることを否定しない教科書が散見されると同時に、社会保険制度内における「制度間格差」の存在を指摘するものも少なくはない。しかし「新しい社会保障教育」では、少なくとも世代間格差論に関しては否定的である、（Ⅲ）以上の調査結果を踏まえ、少なくない現行の教科書の論調は、検討会報告書が目指す教科書のそれとは異なる部分が確認された、である。こうした点を認識したならば、今後の教科書で社会保障がどのように描かれるのか（＝教授されることになるのか）が、より一層注目されるといえよう。

　第3章では、「地域共生社会」の本質は、「共助・公助」の質的後退を「自助・互助」の機能強化で補うことを目的とする論調に合流するという特性から、現代版の日本型福祉社会論であると評することが妥当だ、という見解を述べた。換言すれば、「地域共生社会」を起点にした社会福祉基礎構造改革路線の肯定化機能は、程度の差こそあれ、「新しい社会保障教育」政策と質的に類似する、ということである。

　こうした各章の知見を統合した場合、およそ次の結論が導かれることになる。それは、わが国の若年層は、「地域共生社会」を起点とする論調や「新しい社会保障教育」政策を介して、社会福祉基礎構造改革路線に対する親和性を抱くように動機づけられる可能性が強く想定され、その結果、超高齢社会である以上、社会保障抑制政策は致し方ないといった同路線に対するある種の諦め感を伴う消極的賛同派も含む、容認派、追認派へと育成される可能性が高い、ということである。

2 多様な見解の積極的紹介

　以上の知見を踏まえたうえで、現状に関する若干の私見を述べておきたい。それは、わが国の社会保障をとりまく現状認識に関することである。

　論旨の展開上、本論では取り上げなかったが、拙稿による分析を通じて、わが国における「若年層の社会保障観」は、大きく6つのクラスターに分類されることが判明している[*1]。その際、どのような福祉観を支持するにしても、国民にとって必要なのは、わが国の社会保障に関する「正確な実態把握」、および、それを教授される機会の確保であることは論を待たない。なぜなら、正確な実態把握からこそ、より適切な現状改善策が導き出せると合理的に想定されるからである。

　とはいえ、これまでの議論からも容易に推察されるように、識者によっても現状認識には相当の幅がある。つまり、現状理解こそが実のところ最も難しく、それゆえ誤導的になり得る部分である。

　これに関して、第1章で取り上げた検討会報告書では、「中立的な教育が必要である」と繰り返し述べている。しかし、検討会報告書から発信されるメッセージは、少なくない論者には明らかに「誤った現状認識」に依拠した「誤った改善策」と映ることだろう。とはいえ、検討会報告書の論者からすれば、そうした批判論者こそが誤導的である。

　こうした点を鑑みたとき、そもそも「中立的な教育」は、ある意味、不可能だと考えることができよう。というのは、どの世代に依拠するかによって、また、前提となる条件次第で、現状に対する評価は、かなりの幅でぶれるからである。それゆえ、「どちらが正しい（評価な）のか」、「何が正しい（評価な）のか」を教授するというよりも、多様な改善策の提示に繋がる多様な現状認識の存在を教授すること、もしくは、そうした学習姿勢を回避しない教育が求められているのではなかろうか。

　こうした見解を考える一助として、筆者としては、必ずしもその主義主張に与するものではないが、鈴木亘の『社会保障亡国論』（2014）の次の文章

を紹介したい。

　社会保障純債務の存在は、日本の社会保障制度において、巨大な世代間不公平が生じていることを定義上、明らかに示しているのです。
　それに対して、厚生労働省は、「年金は若い世代も2.3倍得であり、損をする世代は存在しない」と繰り返し主張し［……］しかしながら、約1500兆円もの純債務を返済する世代が、一体どうやって得をすることができるのでしょうか。[※2]

鈴木はこのように論じたうえで、「社会保障全体の世代間損得勘定[※3]」表を作成し、若年層の世代が、高齢世代と比較して社会保障制度から得る損得勘定割合が低下しているだけでなく、純粋に受益と負担の観点からも、マイナスになっていることを強調している。
　しかし、前述した鈴木の指摘から約1年半後の2015年9月28日、Huffington Post（日本語版）には、次の文章が掲載されていた。

　厚生労働省は2015年9月28日、納めた年金の保険料に対して、どれだけ年金の給付が受けられるかを世代ごとに試算した結果を公表した。厚生年金に加入するサラリーマンの夫と専業主婦の場合、2015年に70歳になる世代は、負担した保険料の5.2倍の年金を受け取れる見込みなのに対し、30歳になる世代以降では2.3倍にとどまった。[※4]

世代間格差を強調する論者の視点に立てば、不公平感をあおる内容である。しかし厚生労働省としては、過去の世代より「得るものは減った」のかもしれないが、それでも若年層ですら2.3倍も得である、というスタンスなのである。
　当然、両者の現状認識には——検討会報告書の表現を用いれば——それこそ「天動説と地動説」程の開きがある。しかし、これからの社会保障教育は、こうした見解の一方だけを学ぶ可能性を、中立的教育の名の下に内包

している。

　筆者は、鈴木亘の現状認識はともかく、鈴木の提唱する改善策には与しない点が多々ある。その意味で、鈴木の見解を全面的に評価するものではない。[*5]むしろ、ここまで「社会保障の教育推進に関する検討会報告書」を、少なからず批判的に検証してきた筆者ではあるが、実のところ、同検討会座長である権丈善一の主張には、その少なくない部分で共感できるのが本音である。また、同検討会が公表した既述の資料編にも、賛同する部分が多々ある。その上で、検討会報告書や資料集に、(1) 純合計社会支出が低くない状況下での限定的な貧困改善率（第1章脚注36参照）が意味すること（→わが国の社会保障政策の規模とコストパフォーマンスに著しい問題があること）と、その改善策を明示すると共に、(2) 社会保険における保険料の拠出に伴う対価的な権利性だけでなく、貧困層拡大社会における公的扶助の権利性についても強調してもらえれば、なお一層、共感できることになる。しかし、異なる見解を紹介することの重要性という観点からは、鈴木に代表される「検討会報告書」の見解とは「異なる見解」にも配慮すべきであるとは考えている。

　もっとも、多様な見解を紹介することにより、少なくない若年層は「迷う」ことになるであろう。しかし、多様な見解を教授することの目的は、当然ながら、彼ら彼女らを「迷わせる」ことではない。彼ら彼女らに多角的に考えることの必要性と、その重要性を再確認させることが目的なのである。

　そうした認識のうえに、生涯を通じて関与することになる社会保障政策・制度への理解を深めることにより、結果として多くの政治課題への問題意識を高めることが期待されている。事実、若年層の投票率が著しく低い現状と、それが彼らに与えるマイナスの影響の大きさを鑑みたとき、その意味するところは大きい。[*6]だからこそ、権丈らからすれば論外になる前出の鈴木亘らの主張も、多様な見解の文脈の中で、ある程度は紹介されるべきであろう。

　しかし、これからの高校教育で現実に社会保障を学ぶ時間は、多少は増

加したとしても、全体としては非常に限られており、しかもその教育内容には、生徒らを「特定の方向」に導く可能性が潜んでいる。そうした可能性を鑑みたとき、これからの教科書会社に求められる姿勢とは何であろうか。それは、第1章で紹介した神野直彦の見解にもあるように「正しいことを教えようという記述ではなく、何が正しいかを考えさせる教科書」作りである。[*7]

その際、何をもって「正しい」とするかを考えさせることは、当然ながら、非常に重要である。既述のとおり、読み手や書き手の立ち位置により、正しさというものは相対的なものになるからである。とはいえ、直後で解説するように、越えてはならない一線はあると筆者は考えている。その前提を踏まえたうえで、社会保障教育をこれからの世代の必須科目と位置づけ、それに割く時間を増加させることが重要になるだろう。それはとりもなおさず、検討会報告書の教育内容を理解しつつも、その教授だけに留まることのない、学び続ける教師の存在をも必要としている。

ただし、先進諸国内では最も労働時間が長いのが、わが国の中学・高校教員の現状である。そうした点を鑑みたとき、これからの社会保障を支える担い手としての若年層への投資は、高齢世代への投資でもあると捉え直し、教育投資の割合を拡大することが、豊かな社会保障教育を展開するための大前提になるといえよう。

3 結語

本論を閉じるにあたり、日本医師会の今村聡副会長のコメントを紹介したい。その理由は、前記のとおり、読み手や書き手の立ち位置によって「正しい」とされるものが異なる社会保障観ではあっても、それが社会保障であるからには、相対的な正しさとは別次元の「守るべき一線」があるのではなかろうか、と筆者は考えるからである。そして、そのことを考える一助が、次のコメントに見出せると考えている。

今村は本論で取り上げた学校教育が社会保障に与える影響は小さくないと指摘し、次のように発言している。[*8]

今村　医療を財源論の数字だけで語ることには無理があります。まずはベーシックな知識を学校で教えるべきでしょう。医療機関が、そもそも外に利益を出してはいけない"非営利"であるということすら、一般の国民は知らない。消費税が上がると医療機関の持ち出しが増えて赤字になることも全く知られていない。少なくとも"年金制度""健康保険制度"については、その理念からしっかり学校で教えるべきです。

――教育にそれが欠けていることで、日本の医療が受けるマイナスの影響とはなんでしょうか？

今村　国民皆保険は、もともと共同体の精神から生まれた制度です。助け合い分かち合う共同体を中心に発展してきた日本の良さが、それをちゃんと伝えないことで、どんどん薄れていっている。自分さえよければという個人主義・弱肉強食の考え方しか教わらなければ、子どもたちはどうして病人や高齢者や障害者の医療費を払わなきゃならないんだ、自己責任でいいじゃないかとなってしまう。今後国民皆保険制度を維持してゆくために、医療制度の成り立ちやそこに横たわる精神をしっかり教えてゆくことが、何よりも重要になるでしょう。

「社会保障は人権」である。ゆえに、「国民相互の助け合い」というだけでなく、それは「国に対する国民の権利」であり、「国民に対する国家の義務」である、という認識に依拠したならば、社会保障（の中核をなす社会保険機能）を助け合いの精神のみで説明（強調）しかねないような言説には、正直、多少の違和感を有する論者も少なくはないであろう。しかし、この今村の指摘にもあるように、現行の社会保障政策は、そもそもの「助け合い、分かち合う」という価値観すら脇に追いやり、市場での購入を基調とするよう

な自己責任論の色合いが濃い領域へと置き換える傾向が強くなっている[*9]。それでは、そのような社会保障観を是認することに親和的な教育が、これからの「新しい社会保障教育」や「地域共生社会」において重要な位置を占めることになるのであろうか。

　少なくとも、これまでの知見に依拠した場合、とりわけ、厚生労働省の見解に親和的な「新しい社会保障教育」を射程に入れると、今村的な認識が多数派になるとは、容易には想定し難い。それゆえ、今後、「新しい社会保障教育」政策を介して、社会保障の定義が——拙稿の表現を用いれば、特段の福祉観を有していない［クラスター3］を中心とする人々の心の中で[*10]——短期間で変容する可能性も否定できないのではなかろうか。仮にもそうなれば、それは「言葉」としては社会保障であっても、もはや「機能」としては社会保障ではない「新しい何か」と捉えることが適切であろう。それでは、その含意をどのように評価すべきなのか。これからの「新しい社会保障教育」を検証する際には、その重要な問いを常に意識すべきであろう。

　こうした現状を鑑みたとき、「社会保障の概念」は、文字どおり、人々の心の中で、刻一刻と変容しつつあることは間違いのないことである。換言すれば、社会保障という言葉が有する守備範囲とその主体の構成比率の変化が、特定の人々にとってのみ望ましいものとなるのか、それとも経済的な差異にかかわらず、多くの人々にとって望ましいものとなるのかが問われることになる、ということである。そして確認すべきは、これからの「新しい社会保障教育」は、「新しい社会保障観」という世論を形成するうえでの水先案内人的な機能を、「中立的教育」の名の下に果たすことになる、という事実である。「地域共生社会」という政策タームを用いた論調に至っては、福祉系ボランティア活動の推進に象徴されるように、普通に考えれば、批判的な文脈では用いられにくいことから、そのような機能がより強くなるといえよう。

　仮に多くの国民が、社会保障の概念の大幅な変更を積極的に望むのであれば、社会保障という言葉は、事実上、死語となり、それに代わる言葉が、国民の支持と共に登場することになるだろう。もしくは、社会保障という

言葉の意味が「上書き」されることになるのかもしれない。

　しかし多くの国民が、たとえば日本債務大国論など、その妥当性が必ずしも担保されているとは言い難い論調（第1章 脚注25参照）に影響され、自己責任論的色合いが非常に強い「新しい社会保障」概念を、非積極的にではあれ、ある種の諦め感と共に容認・追認することによって、多数派世論が形成されるのであれば、それはどのように評すべきなのだろうか。少なくとも筆者としては、それが一見すると多数派の見解のように見受けられるとしても、そのような状況下における「新しい社会保障観」の定着およびその促進を支持することは適当だとは考えていない。その際は、なぜ社会保障という考え方が歴史に登場したのかという経緯を、これからの若年層に教授すると共に、貧困層拡大社会であるわが国において、従来の社会保障の守備範囲が矮小化されることの意味を強調しなくてはならないだろう。[11]

　序論でも指摘したように、そもそもあらゆる政策には、その政策の妥当性を担保する理念があり、また、当該理念は教育を介して正当化される傾向にある。つまり、社会保障「教育」に注目することは、「教育→理念→政策」という流れを踏まえた政策分析でもある。そして、これまでの知見を鑑みたとき、これからの社会保障研究においては、今まで以上に、社会保障教育と社会保障政策という2つの視座とその連動性を意識しながら、よりマクロレベルでの分析手法を重視する必要があるといえよう。

注

※1　阿部敦「現役大学生の有する『社会保障観』への接近——因子分析、クラスター分析、t 検定、相関比を用いて」『社会福祉科学研究』（6）社会福祉科学研究所、2017年8月、153 〜 162頁。阿部敦「わが国の若年層が有する『社会保障観』の現状と未来——『損得勘定的』社会保障観の克服に向けて」『医療・福祉研究』（26）医療・福祉問題研究会、2017年3月、68 〜 75頁。

※2　鈴木亘『社会保障亡国論』〈講談社現代新書〉講談社、2014年3月、60頁。

※3　同上、63頁。

※4 http://www.huffingtonpost.jp/2015/09/28/annual-pension_n_8210934.html（最終閲覧 2015 年 9 月 28 日）。

※5 鈴木に関して二宮厚美は、「保険主義の徹底を主張して、現代日本の新自由主義の、粗雑性において典型的な論者となっている」と厳しく批判している。次を参照。二宮厚美・福祉国家構想研究会（編）『誰でも安心できる医療保障へ——皆保険 50 年目の岐路』大月書店、2011 年 12 月、35 頁。

※6 たとえば、東北大学大学院経済学研究科が、報道機関向けに公表（平成 25 年 7 月 12 日）した資料には、次の文章がある。

　　　　来る 7 月 21 日の第 23 回参議院選挙を前に、東北大学大学院経済学研究科の吉田浩教授と経済学部加齢経済ゼミナール所属の学生らは、昭和 42（1967）年からの衆・参国政選挙の年齢別投票率と国の予算の統計を収集し、両者の関係を分析しました。その結果、若年世代（ここでは 20 歳から 49 歳まで）の投票率が低下するにしたがって、将来の国民負担となる国の借金が増加し、社会保障支出も若年世代よりも高齢世代（ここでは 50 歳以上）の方に多く配分され、若年世代に不利となっていたという関係が確認されました。この分析結果を用いて計算すると、選挙棄権により若年世代の投票率が 1％低下すれば、若年世代 1 人当たり年間およそ 13 万 5 千円分の損失となる試算結果になりました。

※7 神野直彦「『学びの国』スウェーデンの教科書に学ぶ」
　　次を参照。http://www.shinko-keirin.co.jp/keirinkan/csken/pdf/48.pdf（最終閲覧 2015 年 1 月 26 日）。

※8 堤未果『沈みゆく大国アメリカ——逃げ切れ！ 日本の医療』集英社、2015 年 5 月、196 ～ 197 頁。

※9 これに関連して、木下武徳は、日本福祉大学の通信教育部の講義（社会保障論：第 29 講『社会福祉・社会手当』2015 年）で、次のように語っている。「私が大学生であった介護保険前の時代であれば、『福祉は権利だ』というふうによく言われていたんですけれども、近年は『福祉サービスは買うものだ』という意識が非常に定着してきていると思います。」

※10　本総括の脚注 1 を参照のこと。

※11　こうした思いがあればこそ、過去の文章の恣意的解釈には、筆者として強い憤りを抱かざるを得ないのである。たとえば、「社会保障制度改革国民会議報告書」（2013 年 8 月 6 日）には、「自助・共助・公助論は、50 年勧告の時点でも述べられている」という主旨の記述がある。これにより、国が展開する自助・共助・公助論の正当化を図っているわけである。しかし、それは 50 年勧告を捻じ曲げた解釈に過ぎないことは、横山壽一が指摘するとおりである。横山壽一「介護保険財政の仕組みと現状」［岡崎祐司・福祉国家構想研究会（編）『老後不安社会からの転換——介護保険から高齢者ケア保障へ』に収録］大月書店、2017 年 11 月、168 ～ 169 頁。

参考・引用文献一覧

[著書]

阿部敦（編）、阿部敦・渡邊かおり（共著）『「少子高齢社会」の描かれ方——高等学校検定教科書（公民・現代社会編）は、何を教えようとしているのか』大阪公立大学共同出版会、2005年5月。

井手英策・古市将人・宮﨑雅人（著）『分断社会を終わらせる——「だれもが受益者」という財政戦略』筑摩書房、2016年1月。

稲葉剛・青砥恭・唐鎌直義（他著）『ここまで進んだ！ 格差と貧困』新日本出版社、2016年4月。

大阪市生活保護行政問題全国調査団（編）『生活保護「改革」の牽引車 大阪市の生活保護でいま、なにが起きているのか——情報公開と集団交渉で行政を変える！』かもがわ出版、2014年11月。

太田啓之『いま、知らないと絶対損する年金50問50答』文藝春秋、2011年4月。

小川政亮（編著）『人権としての社会保障原則——社会保障憲章と現代』ミネルヴァ書房、1985年5月。

小塩隆士『18歳からの社会保障読本——不安のなかの幸せをさがして』ミネルヴァ書房、2015年12月。

河合克義『老人に冷たい国・日本——「貧困と社会的孤立」の現実』光文社、2015年7月。

熊谷亮丸『消費税が日本を救う』日本経済新聞出版社、2012年6月。

権丈善一『年金、民主主義、経済学——再分配政策の政治経済学Ⅶ』慶應義塾大学出版会、2016年1月。

権丈善一『ちょっと気になる社会保障』勁草書房、2016年1月。

『厚生労働白書』平成24年度。

榊原英資『日本をもう一度やり直しませんか』〈日経プレミアシリーズ〉日本経済新聞出版社、2011年4月。

真田是『社会福祉の今日と明日』かもがわ出版、1995年3月。

真田是『民間社会福祉論——社会福祉における公と民』かもがわ出版、1996年7月。

真田是『社会保障論—— 21世紀の先導者』かもがわ出版、1998年6月。

城繁幸・小黒一正・髙橋亮平（著）『世代間格差ってなんだ——若者はなぜ損をするのか？』PHP新書、2010年6月。

鈴木亘『財政危機と社会保障』〈講談社現代新書〉講談社、2010年9月。

鈴木亘『年金問題は解決できる！——積立方式移行による抜本改革』日本経済新聞出版社、2012年8月。

鈴木亘『社会保障亡国論』〈講談社現代新書〉講談社、2014年3月。

髙橋洋一『数字・データ・統計的に正しい日本の針路』講談社、2016年2月。

橘木俊詔『貧困大国ニッポンの課題——格差、社会保障、教育』人文書院、2015年12月。

堤未果『沈みゆく大国アメリカ——逃げ切れ！ 日本の医療』集英社、2015年5月。

仲村優一・一番ヶ瀬康子・右田紀久恵（監修）『エンサイクロペディア 社会福祉学』

中央法規出版、2007 年 12 月。

二宮厚美・福祉国家構想研究会（編）『誰でも安心できる医療保障へ──皆保険 50 年目の岐路』大月書店、2011 年 12 月。

細野真宏『「未納が増えると年金が破綻する」って誰が言った？──世界一わかりやすい経済の本』扶桑社、2009 年 3 月。

松尾匡『この経済政策が民主主義を救う──安倍政権に勝てる対案』大月書店、2016 年 1 月。

宮本太郎（編）『弱者 99％社会──日本復興のための生活保障』幻冬舎、2011 年 12 月。

盛山和夫『社会保障が経済を強くする──少子高齢社会の成長戦略』光文社、2015 年 2 月。

八代尚宏『社会保障を立て直す──借金依存からの脱却』日本経済新聞出版社、2013 年 12 月。

矢嶋里絵・田中明彦・石田道彦（他編）『人権としての社会保障──人間の尊厳と住み続ける権利』法律文化社、2013 年 6 月。

山家悠紀夫『「構造改革」という幻想─経済危機からどう脱出するか』岩波書店、2001 年 9 月。

山家悠紀夫『景気とは何だろうか』岩波書店、2005 年 2 月。

山家悠紀夫『「痛み」はもうたくさんだ！──脱「構造改革」宣言』かもがわ出版、2007 年 4 月。

横山壽一『社会保障の再構築──市場化から共同化へ』新日本出版社、2009 年 5 月。

［論文、専門雑誌等］

阿部敦・渡邊かおり「戦後日本における社会福祉従事者の養成政策について──1940 年代及び 1980 年代に焦点をあてて」奈良女子大学人間文化研究科年報（26）、2011 年 3 月。

阿部敦・渡邊かおり「社会事業教育における社会科学の視点──戦前・戦後のつながりに注目して」奈良女子大学社会学論集（20）、2013 年 3 月。

阿部敦「中学・高校生を対象にした社会保障教育政策──『社会保障の教育推進に関する検討会報告書』の観点から」『地域福祉サイエンス』（2）、地域福祉総合研究センター、2015 年 10 月。

阿部敦「平成 27 年度版高等学校公民科（現代社会）における社会保障の描かれ方──『社会保障の教育推進に関する検討会報告書』との比較」『社会福祉科学研究』（5）社会福祉科学研究所、2016 年 7 月。

阿部敦「わが国の若年層が有する『社会保障観』の現状と未来──『損得勘定的』社会保障観の克服に向けて」『医療・福祉研究』（26）医療・福祉問題研究会、2017 年 3 月。

阿部敦「現役大学生の有する『社会保障観』への接近──因子分析、クラスター分析、t 検定、相関比を用いて」『社会福祉科学研究』（6）社会福祉科学研究所、2017 年 8 月。

阿部敦「これからの社会像としての『地域共生社会』とその含意──『新しい社会保障教育』政策と並行する『地域共生社会』観」『九州龍谷短期大学紀要』（64）

九州龍谷学会、2018 年 3 月。

池田清「北九州市の生活保護問題の背景——北九州市の地域開発とソーシャルキャピタル」『北九州医療・福祉総合研究所年報』(15)、2006 年。

石坂誠「生活困窮の一形態としての税金・保険料滞納問題と生活困窮者自立支援制度」『福祉研究』(111)、日本福祉大学社会福祉学会、2017 年 4 月。

岩田純「わが国における社会保障教育に関する一考察」『星城大学経営学部紀要』(15)、2015 年 3 月。

小沢修司「『持続可能な福祉社会』とベーシック・インカム」『千葉大学公共研究』(第 3 巻第 4 号)、2007 年 3 月。

垣田裕介「社会政策における生活困窮者支援と地方自治体」『社会政策』(第 7 巻第 3 号)、社会政策学会、2016 年 3 月。

片岡えみ「信頼社会とは何か——グローバル化と社会的公正からみた EU 諸国の一般的信頼」『駒澤社会学研究』(47)、2015 年 3 月。

「高校生対象に社会保障教育の授業を試行——社労士を講師に厚労省作成の教材を活用」『週刊国保実務』(2847)、2013 年 2 月 18 日。

「高校生を対象に社会保障教育の授業——社労士を講師に厚労省作成の教材を活用して実施」『週刊年金実務』(2032)、2013 年 2 月 25 日。

「高校生に向けた年金教材を作成・公表——社会保障教育検討会、制度への誤解解消を」『週刊国保実務』(2859)、2013 年 5 月 20 日。

「公的年金制度への誤解解いて理解深める——社会保障教育検討会で厚労省が教材案を提示」『週刊国保実務』(2839)、2012 年 12 月 17 日。

子どもの学力と読書の相関について分析した文部科学省委託研究「平成 25 年度全国学力・学習状況調査(きめ細かい調査)の結果を活用した学力に影響を与える要因分析に関する調査研究」(国立大学法人　お茶の水女子大学)。

里見賢治「厚生労働省の『自助・共助・公助』の特異な新解釈」社会政策学会(編)『社会政策』(第 5 巻第 2 号)、2013 年 12 月。

「社会保障教育検討会　内閣府社会保障試算は一面的で不適切——世代間不均衡拡大との分析に厚労省反論」『週刊国保実務』(2803)、2012 年 4 月 2 日。

「重点とすべき学習項目とその具体的内容案を提示——社会保障教育検討会」『週刊国保実務』(2881)、2013 年 10 月 21 日。

「社会保障教育検討会が報告書を取りまとめ——学習指導要領に反映を」『週刊国保実務』(2922)、2014 年 8 月 18 日。

「社会保障教育検で年金の新聞報道に関する反論」『週刊年金実務』(2008)、2012 年 9 月 3 日。

「社会保障教育のモデル事業　高校で授業実施」『週刊年金実務』(2072)、2013 年 12 月 9 日。

「『社会保障教育推進検討会』が報告書案を大筋了承——作成教材の活用で社会保障制度の正しい理解を」『週刊年金実務』(2102)、2014 年 7 月 21 日。

「社会保障教育検討会報告書・資料編　社会保障の正確な理解についての 1 つのケーススタディ」『週刊年金実務』(2105)、2014 年 8 月 11 日。

「制度を支える『理念』が重要——社会保障教育推進検討会が報告書」『週刊社会保障』

（2783）、2014 年 7 月 7 日。

武田俊彦「特別掲載　世代間格差論に対する考え方（上）——社会保障の教育推進に
　　　関する検討会資料から」『週刊社会保障』（2679）2012 年 5 月 28 日。

武田俊彦「特別掲載　世代間格差論に対する考え方（下）——社会保障の教育推進に
　　　関する検討会資料から」『週刊社会保障』（2680）2012 年 6 月 4 日。

内閣府「社会保障・税一体改革の論点に関する研究報告書」2011 年 5 月 30 日。

浜岡政好「厚労省『我が事・丸ごと』をよむ　なぜ『協同』ではなく、『共生』なのか」
　　　『福祉のひろば』社会福祉法人大阪福祉事業財団、2017 年 6 月。

松岡亮二・中室牧子・乾友彦「縦断データを用いた文化資本相続過程の実証的検討」
　　　『教育社会学研究』（95）、2014 年 11 月。

村田隆史「失業がもたらす貧困と社会保障制度の果たす役割」『国民医療』（337）
　　　2018 年冬季号、公益財団法人　日本医療総合研究所。

［その他：報告書、資料、ウェブニュースなど］

一般社団法人　教科書協会「教科書発行の現状と課題　平成 26 年度」、平成 26 年 7
　　　月 28 日。

一般社団法人　教科書協会「平成 27 年度使用　教科書定価表」、平成 27 年 2 月。

医療介護 CB ニュース　2015 年 7 月 13 日。

大阪市生活保護行政問題調査団「大阪市の生活保護行政の真の適正化を求める要望書」
　　　2014（平成 26）年 5 月 29 日。

きょうされん理事会「我が事・丸ごと」地域共生社会のねらいは何か——『地域包括
　　　ケアシステム強化法案』の問題点と障害福祉への影響」（2017 年 3 月 21 日）。

「経済財政運営と改革の基本方針 2016——600 兆円経済への道筋」（平成 28 年 6 月 2 日）。

厚生労働省「生活困窮者自立支援制度における支援状況調査集計結果（平成 27 年 4
　　　月分）」2015 年 6 月 17 日。

厚生労働省「我が事・丸ごと」地域共生社会実現本部「『地域共生社会』の実現に向
　　　けて（当面の改革工程）」（平成 29 年 2 月 7 日）。

「社会保障制度改革国民会議　報告書（概要）——確かな社会保障を将来世代に伝え
　　　るための道筋」（平成 25 年 8 月 6 日）。

「社会保障の推進教育に関する検討会」報告書（資料編）。

障害関係団体連絡協議会　障害者の高齢化に関する課題検討委員会「障害者の高齢化
　　　に関する課題検討報告」（平成 27 年 5 月）。

生活保護問題対策全国会議（他）「利用者数の増加ではなく貧困の拡大が問題である
　　　——『生活保護利用者過去最多』に当たっての見解」2011 年 11 月 9 日。

全国社会保険労務士会連合会「地域社会保障教育推進事業について」、平成 24 年 8 月
　　　24 日。

第 1 回「我が事・丸ごと」地域共生社会実現本部　資料（平成 28 年 7 月 15 日）。
　　　（資料 1）「我が事・丸ごと」地域共生社会実現本部について
　　　（資料 2）地域包括ケアの深化・地域共生社会の実現

第 45 回全国社会福祉教育セミナー「新たな時代に対応した福祉の提供ビジョン」の
　　　公表（9/17 付　厚生労働省）と求められる社会福祉士養成教育——社会福祉

士養成カリキュラムの見直しに向けて（2015 年 11 月 1 日）。

第 182 回「『地域生活支援コーディネーター』の配置はなぜ進まない！？ 2018 年 4 月までの配置を義務づけるも、業務負担の重さは深刻なハードル」2016 年 11 月 2 日（みんなの介護ニュース）。

第 193 回「地域包括センターは業務過多で機能不全！？ 高齢者や家族の相談ニーズが高まるものの、職員の力量不足が課題に」2016 年 12 月 14 日（みんなの介護ニュース）。

第 196 回「厚生労働省が掲げる『地域共生社会』は机上の空論か…。"一体的な福祉サービスの提供"のために、縦割り行政システムの改善は実現するのか！？」2016 年 12 月 27 日（みんなの介護ニュース）。

「地域における住民主体の課題解決力強化・相談支援体制の在り方に関する検討会」（地域力強化検討会）【第 1 回〜第 9 回までの議事録等一覧】。

「地域における住民主体の課題解決力強化・相談支援体制の在り方に関する検討会」（地域力強化検討会）「地域力強化検討会中間とりまとめ——従来の福祉の地平を超えた、次のステージへ」（2016 年 12 月 26 日）。

「ニッポン一億総活躍プラン」（平成 28 年 6 月 2 日）。

平成 24 年度「地域社会保障教育推進事業　実施報告」。

「平成 27 年度　老人保健事業推進費等補助金　老人保健健康増進等事業　地域支援事業の包括的支援事業及び任意事業における効果的な運営に関する調査研究事業報告書」株式会社 三菱総合研究所、2016 年 3 月。

平成 28 年度使用高等学校（第 1 部）教科書編集趣意書「公民（現代社会）編」。

平成 28 年度使用高等学校（第 1 部）教科書編集趣意書「公民（政治・経済）編」。

＊なお、インターネットからの引用箇所に関しては、引用時期の差異もあることから、各章の脚注を参照されたい。

掲載論文一覧

本論は、以下の拙稿をベースに加筆修正したものである。

［第1章］

阿部敦「中学・高校生を対象にした社会保障教育政策——『社会保障の教育推進に関する検討会報告書』の観点から」『地域福祉サイエンス』（2）、地域福祉総合研究センター、2015年10月、143 〜 161頁。

［第2章］

阿部敦「平成27年度版高等学校公民科（現代社会）における社会保障の描かれ方——『社会保障の教育推進に関する検討会報告書』との比較」『社会福祉科学研究』（5）社会福祉科学研究所、2016年7月、101 〜 122頁。

［第3章］

阿部敦「これからの社会像としての『地域共生社会』とその含意——『新しい社会保障教育』政策と並行する『地域共生社会』観」『九州龍谷短期大学紀要』（64）九州龍谷学会、2018年3月、41 〜 63頁。

あとがき

　個人的なことで恐縮だが、もとより私は、書き損じをしやすいタイプの人間のようである。上手く表現することはできないが、小さな頃から、文章を読む際、活字の表す意味がそのまま頭に残るというよりも、その文意がある種のイメージとして頭に残る感覚がある。やっかいなことは、そうした状態で「理解したつもりになっている」可能性がある、ということである。それゆえ、比較的調子が良い時に、執筆に用いた参考文献や、自らの原稿に改めて目を通した際、（最初の段階では気付かなかった）執筆ミスなどを自覚することが少なくなかった。時には、致命的な誤記や引用ミスもあった。著書を刊行後、訂正シールを付したこともままあったが、その度に、自身の言語運用能力の「ある種の偏り」に閉口したのは言うまでもなかった。

　そうした経緯があればこそ、脱稿の日は、嬉しさとともに、「引用やその他の面で、無視できないミスが残っているのではなかろうか」という不安に向き合う日でもあった。その点、今回の著書では、福祉系学部を有する大学の出版会ということから、当該領域の先生方に査読して頂けたことは、精神的に大きな助けとなった。また、校閲の機会が担保されていたことも幸いであった。

　もっとも、そうしたプロセスを経てもなお、誤字脱字、もしくは誤解を招きかねない不十分な記述が残っていることもあるだろう。その際は、次作においてであれ、訂正すべき箇所はそれに対処したうえで、前を向く必要があるのだと考えている。そうすることの必要性は、恩師から学んだように思う。そして同様に、本著で取り上げた権丈善一教授のコメント[*]からも学んだように思う。

　本論では、権丈教授が座長を務めた検討会報告書の内容を批判的に検証した経緯がある。とはいえ、一研究者として尊敬できる先生であることは間違いないと確信している。

＊　＊　＊

　最後になりますが、お世話になった方々に、お伝えしたい言葉は、やはり心からの謝意、それしかありません。

　はじめに、長年にわたる研究指導を快く引き受けて下さった横山壽一先生に、最大限の謝意を申し上げたいと思います。横山先生には、公私にわたり、長年お世話になってきましたが、特にここ数年間のお力添えには、言葉では言い表せない程のありがたさを感じてきました。横山先生、本当にありがとうございました。

　また、この数年間、横山先生と並んでご指導頂いた石倉康次先生に対しても、心からの謝意を申し上げます。特にスウェーデンにまで私の原稿を持っていかれて、当地からコメントを頂いた際の感激は、今でも鮮明に残っております。石倉先生、ありがとうございました。

　安斎育郎先生、武田英樹先生、井上英夫先生、北山円正先生、山田千枝子先生、田中誉樹先生には、精神的な面においてサポートを頂きました。誠にありがとうございました。また、教え子ということで、プライバシーに配慮せざるを得ないことから、敢えて名字だけの記載に留めておきますが、三枝さん、米澤さん、栄迫さん、塩山さんにも、大変お世話になりました。本当にありがとうございました。

　関西学院大学出版会の田中直哉様と辻戸みゆき様には、刊行に向けてお力添えを頂きました。とりわけ、少なくない修正依頼にもかかわらず、粘り強く丁寧な校正をして頂きました辻戸様には、感謝してもしきれない程です。本当にありがとうございました。また、校閲等の作業に関しては、中倉香代さんと山元理恵さんにお力添えを頂きましたことに、深く感謝申し上げます。

　最後にもう一度。この間、支えて下さった方々、本当にありがとうございました。

阿部　敦

あとがき　119

注

※権丈善一教授は、『年金改革と積極的社会保障政策——再分配政策の政治経済学Ⅱ〈第2版〉』の「第2版刊行にあたって」において、次のように記している。「この本の初版を出した段階では、日本の年金は将来、スウェーデン方式を導入することができると、厚生労働省の報告書に書いてあったことと同様に失笑もののミスをおかしていたり、[……] 今から考えると、とても恥ずかしい間違いをしていた」。権丈教授は自らの間違いを指摘したうえで、なぜ、こうした誤った見解を有するに至ったのか、また、本来であればどのように考えるべきなのか、などを同著の中で記している。著名な研究者のこうした謙虚な姿勢に、私は勇気づけられたものである。

著者略歴

阿部　敦（あべ　あつし）

奈良女子大学　准教授

金沢大学大学院　社会環境科学研究科　博士後期課程　修了
　博士（社会環境科学・金沢大学）
　学士（人間科学・早稲田大学）

主要業績として、以下の著書（単著）がある。
『増補版　社会保障抑制下の国家・市民社会形成 ──社会保障・社会福祉教育の展開と市民社会の弱体化』金沢電子出版株式会社、2018 年 1 月。

K.G. りぶれっと No. 45

「新しい社会保障教育」政策と地域共生社会

2018 年 7 月 19 日　初版第一刷発行

著　者　阿部　敦

発行者　田村和彦
発行所　関西学院大学出版会
所在地　〒 662-0891
　　　　兵庫県西宮市上ケ原一番町 1-155
電　話　0798-53-7002

印　刷　協和印刷株式会社

©2018 Atsushi Abe
Printed in Japan by Kwansei Gakuin University Press
ISBN 978-4-86283-261-0
乱丁・落丁本はお取り替えいたします。
本書の全部または一部を無断で複写・複製することを禁じます。

関西学院大学出版会「K・G・りぶれっと」発刊のことば

大学はいうまでもなく、時代の申し子である。

その意味で、大学が生き生きとした活力をいつももっていてほしいというのは、大学を構成するもの達だけではなく、広く一般社会の願いである。

研究・対話の成果である大学内の知的活動を広く社会に評価の場を求める行為が、社会へのさまざまなメッセージとなり、大学の活力のおおきな源泉になりうると信じている。

遅まきながら関西学院大学出版会を立ち上げたのもその一助になりたいためである。

ここに、広く学院内外に執筆者を求め、講義、ゼミ、実習その他授業全般に関する補助教材、あるいは現代社会の諸問題を新たな切り口から解剖した論評などを、できるだけ平易に、かつさまざまな形式によって提供する場を設けることにした。

一冊、四万字を目安として発信されたものが、読み手を通して〈教え―学ぶ〉活動を活性化させ、社会の問題提起となり、時に読み手から発信者への反応を受けて、書き手が応答するなど、「知」の活性化の場となることを期待している。

多くの方々が相互行為としての「大学」をめざして、この場に参加されることを願っている。

二〇〇〇年　四月